新版 子どもの発達障害事典

原仁
Hitoshi Hara
社会福祉法人青い鳥
小児療育相談センター
［責任編集］

合同出版

はじめに

子どもの支援に携わる専門職や発達障害のある子どもの保護者から、日頃よく質問される事柄があります。その中には、「発達障害とはね……」と説明している立場にいる者に取っても、ハッとさせられる鋭い質問も多く含まれています。正直に言って、何と答えるべきか悩みます。でも今、わかっていただけるように答えなければなりません。

編者は発達障害の研究に16年携わり、その後発達障害のある、あるいはその疑いのある子どもを診る専門医として働くようになって11年が過ぎました。その経験の中で、本当の専門家ならば、そのことを専門とされない方々からの疑問・質問に対して、一応の納得を得られるような答えを用意しなければならない、と考えるようになりました。専門家と称している自分だけが納得しているのではダメなのです。

発達障害を専門とされない方々からの質問への答えを集めたのがこの事典です。すべての疑問に完璧に答えられているかは分かりませんが、現時点でのベスト・アンサーを集めたつもりです。

お読みになった方はすぐ気づくかもしれません。この事典は3つの発達障害、すなわち自閉症、ＡＤＨＤ（注意欠陥多動性障害）、ＬＤ（学習障害）を分かりやすく解説したイラスト版シリーズ（合同出版）を基礎としています。発刊の時期が違いますので、大幅に変更した部分もありますが、基本的な考え方は同じです。

発達障害とは、発達期に発生し、支援が必要な特性を持ち、その支援は一生涯続く状態です。病気ではありませんので、治癒や根絶を目指すものではありません。どうやったらうまく付き合えるのか、保護者、支援者、そして本人が理解するものです。

追加した部分は、発達障害概念の本質的変更というより、法律の制定、福祉制度、診断基準の変更に合わせての加筆です。例えば、発達障害は精神障害と同様の枠組みで支援されるようになった、差別解消法が制定され、そしてようやく国連の障害者権利条約を批准した、米国精神医学会の診断基準が13年ぶりに改訂されＤＳＭ-５となり、その中に医学の発達障害（Developmental Disorders）相当の神経発達障害（Neurodevelopmental Disorders）が新たに作られた、などが挙げられます。

本事典は3部構成となっています。第1部「発達障害とはなんですか?」は大部分を新たに書き下ろしました。第2部「主な発達障害」の部分はかつて発刊したイラスト版シリーズを構成し直してあります。第1章LD（学習障害）の編集は、上野一彦先生が担当されましたので、大部分の構成を上野先生にお任せしています。第2章ADHDと第3章自閉症スペクトラム障害の部分は本事典の責任編集の原が同じくイラスト版シリーズの編者でもありましたので、かなりの部分を加筆してあります。特に第4章「その他の発達障害——重なり合いと合併症状」の部分は、併存という中立的な考え方を採用して、安易に二次障害と決めつけることは避けています。第3部「専門的ケア——発達障害のある子どもへの支援」が時代の変化に対応せざるを得ない部分であり、今後も改訂が必要になる部分でありましょう。

事典はQ&Aの形式で作られています。確かに「現時点」での回答ですから、来年、再来年にまた変更があるかもしれません。しかし、発達障害の本質を正しく理解していただけるなら、制度や名称の変更を客観的に了解することができるようになると確信しています。うわさや怪しい流行に動ぜず、発達障害を正しく理解していただくための一助となる事典であることを願っています。

2014年11月

日本発達障害学会理事長
横浜市中部地域療育センター　元所長
原　仁

新版　子どもの発達障害事典　もくじ

第2部 主な発達障害

第3部 専門的ケア——発達障害のある子どもへの支援

巻末資料

第1部

発達障害とはなんですか？

発達障害はどうして起こるのですか？

原因はどこにあるのですか？

発達障害にはさまざまな状態像が含まれ、その範囲についてもさまざまな考え方がありますが、原因で定義されている障害ではありません。

発達障害は、出生後から成人するまでの発達期にある種の行動（症状）が発生します。発生には環境要因ではなく、その人の脳の問題が関係しています。つまり、親の育て方、教育のしかた、友人関係などが直接の原因ではないのです。

発達障害は、子どもがどのようにふるまうかという行動（症状）によって診断されます。

発達障害の原因は、脳のどの部位が機能しないのかという脳の「しくみ」の問題（脳の機能不全）と、その機能障害がどうして発生したのかという「理由」の2つに分けて考える必要があります。

たとえば、新生児期の低酸素性脳症によって前頭葉の機能が傷害され、不注意や記憶力の低下という「症状」が起きるとします。つまり、前頭葉機能不全という「しくみ」の不都合で、低酸素が「理由」ということになります。なお、この「理由」にはさまざまな外因が推定されますが、親から子に伝わるある種の特性も含まれます。

発達障害は脳の問題で発生するということ、生育の途中でかかった脳の病気やケガがその「理由」ではないかと考える方も多いと思います。たしかに、その可能性を完全に否定できませんので、妊娠中や出産時のトラブル、乳幼児期の髄膜炎《ずいまくえん》や脳炎、けいれん、意識を失うほどの頭部打撲や外傷など、疑わしい、あるいは気がかりな成育中のできごとがあれば、医師に相談して医学的検査を実施する場合もあります。しかし、医学的検査でその人の発達障害の「しくみ」や「理由」が特定できるのは例外的です。

子どもの発達の遅れの程度や行動・情緒の偏りが顕著ならば、医療機関に医学的検査の是非を相談してみるのもよいでしょう。仮に、医学的検査がすべて正常でも、発達障害ではないと判断するのは誤りです。

→医学的検査の詳細は14ページを参照

さまざまな発達障害で、その状態像に相当する脳の問題が研究されていますが、それらの研究で明らかになっているのは、健常な人たちの脳と比較して、ある所見の平均値に統計学的な有意差があった、あるいは同一の状態像の中に一定の頻度で共通する脳障害が証明される人がいるというもので、それらの所見がすべての発達障害のある子どもで再現されることはありません。まして特定の発達障害の診断に脳の検査が用いられる段階にはありません。

発達障害と脳の関係の解明は、さらなる研究の進展を待たなければならないでしょう。

発達障害は遺伝なのですか？

親の育て方が理由ではないにしても、遺伝が発達障害の発生の理由ではないかと心配される方がいます。たしかに、〝子は親に似る〟のですから、ある面はその可能性があります。注意欠陥多動性障害（DSM-5では注意欠如多動症、ADHD）や自閉症が家族内に多く発症するという指摘があります。しかし、完全に遺伝要素が一致する親子もいません。兄や姉に発達障害があっても、弟や妹がかならずそうなるとは限りません。

発達障害が発生する、あるいは障害の程度を左右するのは、そうなりやすい脆弱《ぜいじゃく》要因とそうなりにくい保護要因の組み合わせの結果と考えられています。

たとえば、発達障害はほぼ例外なく男児に多く発生します。つまり、男性として生まれるということは、遺伝子的に脆弱要因を持つことを意味します。逆に女性であることは、発達障害の発生にとっては、保護要因となります。

各国で大規模な遺伝子調査や家系調査が実施されていますが、それらの研究の多くの結果が、遺伝要素は発達障害が発生する理由やしくみというより、そうなりやすい要因、つまり脆弱要因の特定に関係がありそうだということを示しています。生活習慣病としての高血圧症、高脂血症、糖尿病などになりやすい家族をイメージしてください。これらはさまざまな遺伝子の組み合わせの結果、脆弱要因となります。

トラウマは発達に影響を及ぼしますか？

間違った教育や心理的な衝撃によるトラウマ（心の傷）が、発達障害の発生に関与しているのではないかとの意見もあります。

しかし、現状で明らかなのは、間違った教育や長期に渡る不適切な養育は、発達障害の発生の理由というより、症状の程度や予後に影響を及ぼすというさまざまな知見があるということです。

事実、健常な子どもを基準にして、「○歳だから」あるいは「できるだけ早く追いつかせるため」と考えて厳しい訓練を課す教育方法は、ことごとく失敗しました。短期的にはよく伸びたようにみえても、長期的にはさまざまな不都合が発生することがわかっています。不適切な養育が続いた自閉症幼児の症状が予想を超えて重度化する、あるいはADHDのある小学生が担任の無理解で症状が顕著になるということは臨床上の日常です。

発達障害自体の原因でなくても、いわゆる二次障害（→77ページ参照）の発生には大きな影響を及ぼしているといってよいでしょう。発達障害のある子どもの特性を十分に理解し、その特性に合わせた適度な指導・訓練をおこなうことが、発達障害は消失しなくても、その子どもなりの育ちを促進するのです。

過剰な負荷による苦痛はトラウマとなって、子どもの育ちを妨げます。楽しく、そして積極的な学びを引き出すかかわりこそが、発達障害の軽減と予後によい影響をもたらすのです。

発達障害の診断基準にはどのような種類がありますか？

発達障害の診断分類は、精神医学の診断基準を用いておこなわれています。

具体的には、世界保健機関（World Health Organization：WHO）が作成した国際疾病分類（International Classification of Diseases：ICD*）、あるいは米国精神医学会の診断基準「精神障害の診断と統計の手引き」（Diagnostic and Statistical Manual of Mental Disorders：DSM*）に従うのが標準的です。ICDとDSMには若干の相違点もありますが、ほぼおなじ考え方として差し支えありません。つまり、今ある症状に基づく操作的診断法（原因は問わない診断）を採用しています。

ICDやDSMに基づいて診断するにしても、発達障害の見極めには生育経過の検討も重要な項目になります。また、脳機能不全に関する所見も重要な項目ですから、神経学の診察や検査も一部取り入れる必要があります。3歳未満の乳幼児にはICDやDSMは適用しにくいという制約もあります。さらに障害ごとに診断が可能な年齢が異なります。

操作的診断法をマスターするには、一定の訓練を受ける必要があります。現状の発達障害の診断法は完璧ではなく、発達障害の診断法をよりよいものにするための研究が求められています。

DSM-5になって発達障害の概念はどのようにかわったのでしょうか？

DSM-Ⅲ-TR（1987）には、精神遅滞、広汎性発達障害（Pervasive Developmental Disorders：PDD）、特異的発達障害（言語障害、学習障害、協調運動障害）の3障害の上位概念として発達障害（Developmental Disorders）という用語がありました。発達障害を階層的に理解しようとした、かなり斬新な考え方でした。

しかし、世界保健機関（WHO）が作成す

Keyword

***ICD：世界保健機構（World Health Organization）の国際疾病分類。我が国での公式統計はICDに準ずることを原則としている。ICDは、人はどのような理由で死亡するのかを分類する目的で作成された全体で22章になる網羅的な診断基準である。現在使用されているICD-10（1993）は2017年ころにICD-11となる予定である。**

ICDの第5章が精神障害の分類に相当する。DSMが米国の診断基準というより、国際的な基準になりつつある現状を踏まえて、共通コードを作成して分類に矛盾が生じないような努力がおこなわれている。

る国際疾病分類（ＩＣＤ）が並列的なのに、ＤＳＭだけ階層的にするのではＩＣＤとの整合性が取れません。ＤＳＭは、全体で22章に及ぶＩＣＤの第5章「精神障害」の米国版だからです。ＤＳＭ-Ⅳ（１９９４）では発達障害という括りはなくなって、それぞれの診断名は並列に戻り、「通常、幼児期、小児期、または青年期に初めて診断される障害」の中に含まれることになりました。

ＤＳＭ-５（２０１３）には神経発達障害（Neuro Developmental Disorders：ＮＤＤ）という新たな区分が作られました。ＮＤＤの内容はほぼ従来の発達障害の概念と重なります。ＮＤＤの特徴として、症状は乳幼児期から学童期までに明らかになること（発現時期の特定）、単なる能力の欠損だけでなく過剰にも注目すること（高機能例の存在）、診断の重複がありえること（併存障害の存在）などが指摘されています。

ＤＳＭは米国精神医学会の診断基準であり、即発達障害の定義がＮＤＤに替わると思われるのは誤りです。実際、我が国の障害福祉制度で用いられる発達障害関連の公式診断名はＩＣＤに基づきます。しかし、ＤＳＭの影響力は大きく、ＩＣＤの改訂の際にＤＳＭの考え方が取り入れられるでしょう。

現在使われているＩＣＤ-10（１９９３）は２０１７年に改訂され、ＩＣＤ-11となる予定です。ＩＣＤ-11で発達障害がどのような概念となるのかに注目すべきです。

神経発達障害（Neuro Developmental Disorders）とはなんですか？

神経発達障害とは、13年ぶりに改訂された米国精神医学会の診断基準（ＤＳＭ-５）に登場した、「発達障害」に相当する障害群を意味します。

ＤＳＭ-Ⅲ-Ｒ（１９８７）では、精神遅滞、広汎性発達障害、特異的発達障害（言語障害、学習障害、協調運動障害）の上位概念が発達障害でしたが、ＤＳＭ-Ⅳ（１９９４）以降、このような階層的表現は使われなくなっていました。ＮＤＤとは発達障害概念の再登場を意味しますが、「知的障害プラスアルファ」が米国の発達障害であり、我が国の知的障害を除くという法律上の定義とは異なっています。

主なＮＤＤは以下の通りです。

❶知的障害：精神遅滞から変更されました。知能段階での程度区分を止め、概念（知能）、社会性、実用性の３領域を軽度～最重度の４段階評定することになります。下位分類として、全般的発達遅滞（Global Developmental Delay：ＧＤＤ）が採用されました。ＧＤＤとは、乳幼児期の精神運動発達遅滞（運動と言語の発

Keyword

＊ＤＳＭ：米国精神医学会が定めた精神障害の診断と分類の基準。疾病による死亡統計表から出発したＩＣＤでは精神科医療での診断分類にそぐわないため、米国精神医学会が独自に診断基準を作成した。全体で22章あるＩＣＤの第５章がＤＳＭに対応する。

発達障害に相当する診断名はＤＳＭ-Ⅲ（１９８０）から明確に記載されるようになった。その改訂版であるＤＳＭ-Ⅲ-Ｒ（１９８７）に発達障害（Developmental Disorders）という上位概念が示された。しかし、ＤＳＭ-Ⅳ（１９９４）となって、発達障害を構成する診断名は残ったが、この上位概念は使用されなくなった。２０１３年５月、米国精神医学会は最新のＤＳＭ-５を発表した。この中に神経発達障害（Neuro Developmental Disorders）が再度登場する。

達遅滞）を意味します。

❷自閉症スペクトラム障害（ASD）：従来、自閉症とその周辺の5つの障害群の総称をPDD（集合体）としていました。PDDという考え方を止め、ASD（Autism Spectrum Disorders）は単一の障害（連続体）と再定義されました。PDDが広がりすぎたための対応と思われます。なお、アスペルガー症候群がなくなったとするのは誤解で、知的障害のないASDに含まれると理解すべきです。

❸注意欠陥多動性障害（ADHD）：従来は行動障害群に含まれていました。反抗挑戦性障害と行為障害から分離され、ADHDのみ行動障害群からNDDに移されました。我が国の発達障害の考え方に近づいたとも言えましょう。大人のADHDを意識した基準の変更として、発症年齢の確認を7歳未満から12歳未満に引き上げた点と、現状に合わせて、ASDとADHDの併存を認めたことが大きな変更点です。

❹コミュニケーション障害：発達性言語障害（言葉の遅れ）、構音障害、吃音などの話し言葉の障害を意味します。注目すべきは、社会的（語用論的）コミュニケーション障害が新たに追加された点です。従来、顕著な興味・関心の偏りがなく、常同性や執着性の明らかでないPDDと診断されていた障害です。

❺特異的学習障害：書字障害を外して、ディスレクシア（読み書き障害）の採用が議論されたようですが、結局、従来通り、読み、書き、算数の3つの障害から構成され、診断に際して、いずれであるか特定し、重症度を3段階評定するように指示されています。

❻運動障害：発達性協調運動障害、常同運動障害、〝重篤な〟チック障害（トゥレット障害含む）から構成されます。なお、常同運動障害とは、ICD-10ではPDDに含まれていた、重度知的障害と常同行動・自傷を伴う過動性障害を意味します。

医学的検査にはどのような検査がありますか？

●脳画像検査・脳機能検査：発達障害の医学的検査として、一般の病院でおこなわれるのは、脳画像検査（MRIやCT検査など）と脳機能検査（一般の脳波検査や聴性脳幹反応など）です。脳画像検査は脳の構造に問題はないのか、脳機能検査は脳機能に問題はないのかを検査します。

●聴力検査：言葉の遅れがある場合、聴力検査が必要です。新生児聴力検査が普及して、先天性難聴ならば乳児期に発見され治療も可能となりましたが、慢性中耳炎などによる難聴があると、言葉の発達にマイナスの要因となります。中度から重度の難聴ならば、診察中に気づくこともありますが、軽度難聴の場合は検査をしなければ発見できません。大学病院の耳鼻科や子ども病院に所属している子どもを専門にする言語聴覚士（Speech Therapist：ST、111ページ）に依頼すると検査ができます。

●染色体検査・遺伝子検査：染色体検査や遺伝子検査をすすめられることがあるかもしれませんが、現状では障害の遺伝的要素の原因検索に留まり、治療に結びつけられる知見はありません。

医学的検査にはどのような意味がありますか？

発達障害の遅れの程度が重ければ各種の医学的検査は陽性となりやすく、逆に遅れが目立たなければ、正常と判定される場合が多くなる傾向があります。

ただし、発達障害は原因で定義される障害ではありませんから、医学的検査で「異常なし」「原因不明」とされても、発達障害の有無を診断する根拠にはなりません。

　前述のように、発達障害は、医学検査ではなくて、行動（症状）に基づいて診断されるからです。28ページで触れる心理検査の結果についても同様です。

難聴と言葉の遅れにはどんな関係がありますか？

難聴は、聴覚障害の一部で、軽度難聴：26〜39デシベル、中度難聴：40〜69デシベル、高度難聴：70デシベル以上の3段階に分類されています。

　子どもは、周囲の言葉を耳から聞いて、まねをしながら言葉を獲得していくので、耳の聞こえと言葉の発達はとても強い相関関係があります。とりわけ乳幼児期は言葉を習得する時期でもあり、難聴があると言葉に対する関心が発達せず、言葉の発達の障害になります。周囲が話しかけても反応を示さなかったり、話しかけてもぼんやりしています。集団行動では遅れをとってしまうなど、行動面での問題が生じます。

　言葉を覚える時期に軽度難聴以上の障害があると、聞こえが安定しない状態で言葉を覚えることになり、語彙《ごい》力の低下や、助詞、接続詞などの理解が不十分なために起こる読解力の低下、発音が不明瞭になるなどの言葉の遅れが起こります。

　言語障害に対する訓練は、医療機関などで言語聴覚士によっておこなわれていますが、療育施設や小学校・中学校の言語障害通級指導教室でも言語指導を受けることができます。

　ただし、言語障害通級指導教室で言語指導を受けられるのは通常学級に在籍している生徒に限ります。また、情緒障害通級指導教室での指導中は、併せての言語指導はむずかしいです。特別支援学級や特別支援学校の在籍児は所属している学級で担任から指導を受けることになります。これらは特別支援教育の利用はひとりの生徒において一分野という原則に基づいています。

発達障害は増えているのですか？

　発達障害の発生率（出生人口当たりの障害や疾患の割合）が増加しているか否かは不明ですが、有病率（一定地域の一定年齢帯における障害や疾患の割合）は増加しています。つまり、本当に増えているのかどうかは、いまだに不明のままです。しかし、診断される子どもの数は確実に増えています。

　この増加の要因は、つぎの3つが考えられます。

　第1に、診断基準の拡大があります。1980年代後半から日本ではDSMやICDによる操作的診断法（原因に基づくのではなく、今そこに存在している症状の組み合わせで疾患を定義する考え方）が普及しはじめ、障害あるいは疾患と診断される子どもが増えてきました。

　第2に、従来は知的発達に遅れのある子どもたちだけが専門機関を訪れていたのですが、現状では3分の2以上が知的発達に遅れのない子どもたちです。知的発達に遅れがある子どもが発達障害という考え方

■発達障害有病率増加の原因

1. 診断基準の拡大
2. 知的発達に遅れがない子の受診増加
3. 乳幼児健診が諸外国に比べ早い

は、過去のものになっています。

第3に、日本では、ほぼすべての子どもたちが1歳6カ月健診と3歳児健診を受けます。諸外国とくらべて、診断する時期が早いために発達障害と診断される割合が多くなるのだと思われます。

行動障害と発達障害はおなじものなのですか?

発達障害は、原因ではなく行動の特徴（症状）に基づいて診断がされますので、行動障害を基盤として成立する概念ということができます。しかし、行動障害にはだれもが認める定まった定義がありませんから、行動障害イコール発達障害と考えるのは正しくありません。

たとえば、いわゆる他害（暴力行為）は発達障害児にときにみられる行動障害の一種ですが、他害があるからといって発達障害だとは断定できません。

行動障害とはなんですか?

行動障害とは、めったにない、通常はおこなわれない行動で、だれにでもある、日常的に目にする行動ではありません。本人は困らなくても、周囲の人が困難を感じる行動、あるいは、周囲は困らなくても、本人にとっては有害な行動の場合です。

たとえば、多動、衝動性、暴力、寡動《かどう》（動かないこと）、徘徊、過剰な接触、唾吐き、異食（食べ物以外を口に入れること）、失禁、便こねなどです。

強度行動障害という福祉的な概念があります。多くの場合、知的障害をともなう青年期の自閉症者に認められ、周囲が対応に苦慮する一群の行動障害です。さまざまな精神疾患の合併（そう状態や強迫神経症などの合併）や、周囲の不適切なかかわりによる二次障害が混在している状態であることがわかってきました。

強度行動障害に対しては、わかりやすく、安心できる生活の場の提供などの環境調整、医学的支援としての薬物治療などが試みられています。

知的障害は、発達障害の中に含まれるのでしょうか?

発達障害者支援法の定義の中には知的障害は含まれていません。障害福祉政策上、知的障害と発達障害は別の制度で支援されることになっています。

日本の障害者基本法で定義されている障害は、身体障害、知的障害、精神障害のいわゆる3障害です。発達障害という第4の障害が認められたのではありませんが、２０１１年7月の改正障害者基本法で、発達障害は精神障害と同様の支援が受けられることになりました。

発達障害（Developmental Disabilities）という用語は、知的障害をモデルにして１９６３年に米国で生まれた経緯があり、米国の最新の定義（２０００）でも、発達障害は知的障害や精神障害の一部を含む包括的な障害概念とされています。したがって、欧米では、知的障害プラスアルファが発達障害と理解されています。欧米の基準からすると、発達障害者支援法の定義は特異といえます。なお、発達障害は発達期に発生する障害ですので、この障害の対語は、知的障害でも精神障害でも身体障害でもなく、「中途障害」ということになります。

実際は、発達障害のある人に知的障害の併存の有無を判断することはかなり困難な作業となり、知的障害か発達障害かを区別することは臨床的にはあまり意味がありません。福祉や教育の現場では発達障害か知的障害かの区別よりも、いわゆる境界知能段階にある人びとをどのように支援するかが課題になっています。

境界知能とは、健常と精神遅滞の間に位置する知能水準です。総合的個別知能検査の測定で知能指数（ＩＱ）が71〜84の範囲にあたります（ＤＳＭ－５）。

自閉症は発達障害なのでしょうか？情緒障害なのでしょうか？

かつて日本では、自閉症は情緒障害と分類されていました。そのため自閉症児は、不登校児、選択性緘黙《かんもく》（→77ページ参照）などとおなじ扱いを受け、情緒障害特殊学級に在籍、あるいは情緒障害通級指導教室に通うことになっていました。

文科省の特別支援教育の解説書では、自閉症は「情緒の現れ方が偏っていたり、その現れ方が激しかったりする状態が、自分の意志ではコントロールできないことが継続し、学校生活や社会生活に支障となる状態」と説明されています。現在も学校教育の現場では「自閉症・情緒障害教育」「情緒障害特殊学級」「情緒障害通級指導教室」の用語がそのまま使われています。２００６年度から「通級による指導」では、従来の「情緒障害」から「自閉症」が分離され、独立した障害として位置づけられました。

現在では自閉症とその近縁の障害は、発達障害の中核的な状態像と理解されています。

たしかに自閉症児が「情緒障害」と考えられるさまざまな不適応（不登校、チック、緘黙など）を示すことはありますが、「情緒障害」があれば自閉症だと考えるのは間違いです。自閉症は発達障害であって、情緒障害と分類することはなくなりました。

小児てんかんは発達障害？それとも精神障害に含まれるのですか？

１９６３年、米国で生まれた発達障害（Developmental Disabilities）という用語には、てんかんが含まれていた時代がありましたが、後に、疾患名や障害名の羅列という定義のやりかたを止めましたので、同時にてんかんという病名もなくなっています。

２００５年に施行された発達障害者支援法の定義には、てんかんが含まれていません。我が国の障害福祉施策上、てんかんは精神障害の枠組みで支援されることになっています。その意味では、てんかんは発達障害ではなく精神障害に含まれることになります。なお、特殊教育の時代には、てんかんは病気として考えられていて、てんかん児には病弱教育の枠組みで教育的処遇がおこなわれていました。

てんかんは、てんかん発作をくり返す脳の病気の総称で、てんかんという特定の病気があるわけではありません。正確には、てんかん症候群というべきという意見も有力です。

一般的にてんかんといった場合は、けいれんをおこしやすい体質によって生じるものから脳の病気や胎内で生じた脳の奇形までさまざまな状態を含みます。乳児期から15歳までに発症する小児てんかんでは、全身あるいは部分的なけいれん、一瞬のぴくつき、脱力による転倒、意識の喪失やくもり、嘔吐や悪心を主症状とする多様な発作が起こります。大部分は同じ形式の発作をくりかえしますが、複数の発作型をもつ人もいます。

てんかんは乳幼児から高齢者まで年齢層の幅が広いのですが、3歳以下での発病がもっともおおく、80％は18歳以前に発病すると言われています。有病率（ある設定した調査日における患者数）は人口１０００人に対し４〜９人（人口の０・４〜０・９％）とされています。

医学的には、てんかんは脳の慢性疾患と

考えられ、発作症状だけが問題であって、発作がない時は、合併症や併存する障害がなければ、「健常」という考え方がとられています。てんかん自体に障害の側面もあるという意見もありますが、てんかん専門医の合意は得られていません。

脳性麻痺は発達障害でしょうか？それとも身体障害でしょうか？

わが国の障害福祉施策では、脳性麻痺と診断された子どもは、身体障害の枠組みで支援されます。その意味で発達障害の中には含まれません。また、特別支援教育においては、脳性麻痺児は肢体不自由児の一部として対応され、発達障害児とは別枠です。

重症心身障害児（重症児）は脳性麻痺と知的障害が併存する、わが国独自の障害概念です。重症児は、さまざまな理由で発達期に発生し、脳性麻痺児と知的障害児の両者の特徴を持ち、一生涯の支援が必要です。

発達障害の特徴をすべて含みますので、元来中途障害者を想定した、身体障害の枠組みと異なる側面があります。すなわち本来の発達障害の中核群といってもよいでしょう。

米国で誕生した発達障害の初期の定義では、脳性麻痺が含まれると明記されていました。また、最新の発達障害の定義（２０００年のＤＳＭ）においても、身体障害も含むとされていますので、現在も米国の発達障害には脳性麻痺が含まれています。

脳性麻痺とはどんな障害ですか？

胎児がおなかのなかにいる時から出生直後の間に起きた、脳の何らかの障害による「運動の異常」を脳性麻痺と呼びます。成熟児でも発症しますが、その場合は脳に生まれつきの病気や奇形、あるいは出産時の障害によるものです。脳性麻痺の大部分は小さく早く生まれた極低出生体重児（出生体重１５００ｇ未満）に発症することが分かっています。

主な症状として、運動発達の遅れ、異常な運動と姿勢、関節が硬くなるなどがあります。生後６カ月ころまでは、首の座りが遅い、反り返りが極端に強い、哺乳が極端に下手であるなどの症状で始まり、それ以降になると、興奮・緊張時に異常な姿勢をとる、手足が動きにくく突っ張る、消えるべき原始反射が残っている、「はいはい」やつかまり立ちができないなどに続きます。

学童期に入ると、二次障害として背骨の側《そく》弯《わん》や、関節が固くなり動きが制限されることが認められたりします。

視覚障害、聴覚障害と発達障害はどんな関係がありますか？

障害福祉施策上も、特別支援教育においても、発達障害と視覚障害、聴覚障害はそれぞれ別個の枠組みで支援がおこなわれています。

しかし、未熟児網膜症による視覚障害、抗生物質の副作用が引き起こす聴覚障害、ムンプス感染（流行性耳下腺炎＝いわゆるおたふく風邪を引き起こすウイルスが原因）による聴覚障害は、発症年齢が低ければ低いほど、発達障害と類似した症状を引き起こします。子どもは視覚や聴覚を活用できない状態で成長せざるを得ないため、さまざまな発達が阻害されます。

1963年、米国で生まれた発達障害という用語には、その後さまざまな支援が必要な状態像が加えられていき、1975年の発達障害の定義には、視覚障害と聴覚障害が含まれていました。発達期に発生して、知的障害と同様の支援が一生涯必要という考え方からすると、発達障害の中に視覚障害と聴覚障害が含まれてもおかしくはありません。

現在の米国の発達障害の定義（2000年）では、すでに疾患名や障害名の羅列をすることを止めていますので、定義としては発達障害の一類型と考えられていますが、現実に合わせたそれぞれ個別の支援がおこなわれています。

高次脳機能障害と発達障害はどんな関係がありますか？

高次脳機能障害（Higher Brain Dysfunction：HBD）とは、事故や疾患によって、高次脳機能（認知と行動に関係する分野、主として大脳皮質）に損傷を受けた状態像を意味します。たとえば、記憶障害、言語障害、注意障害に関連した症状が起こります。小児期に障害が発生すると、その時期によって様相は異なりますが、発達障害と中途障害の両面が混在した状態像を示すことになります。

子どものHBDは発達障害として支援すると厚労省の通知で明示されていますので、障害福祉制度としては、発達障害に含まれます。ただし、対応にはさまざまな工夫が必要になります。

損傷を受けた年齢が早ければ早いほど発達障害と近似した状態となり、残存した機能を活性化させて、新たな情報を得ていくハビリテーションの工夫と努力が必要になります。成人期のHBDのリハビリテーションが、発生前の機能回復をその目標とするのとは異なります。子どもにHBDが発生した理由にもよりますが、保護者の思いに配慮した支援を考えなければなりません。

その点では、原因の明確でない、いわゆる発達障害とは異なる支援が必要になります。

発達障害者支援法とはどんな内容の法律ですか？

2005年4月1日から施行された法律（→119ページ参照）で、発達障害の法的な定義と位置づけが確立され、発達障害児者の福祉施策の基本が定められました。早期の発見および発達支援の必要性が強調されており、国および地方公共団体が支援システムを充実させるための根拠が明確に示されたという点で重要な法律です。

これまでの発達障害者に対する福祉施策は、知的障害、身体障害、精神障害をともなう場合にしか適用されませんでしたが、これらの障害を伴わない場合を含め、すべての発達障害者を対象として適用できるように定められました。国および地方公共団体の責務、健康診査や健康診断における発達障害の早期発見、早期の発達支援のための体制整備、都道府県ごとの発達障害者支援センターの設置などが内容として示されています。→図表Ⅰ-1

発達障害の定義はどのようなものですか?

発達障害者支援法によって、はじめて発達障害の定義と法的な位置づけが確立されました。この法律では、「発達障害とは、自閉症、アスペルガー症候群その他の広汎性発達障害、学習障害、注意欠陥多動性障害その他これに類する脳機能の障害であってその症状が通常低年齢において発現するものとして政令で定めるものをいう。」(第2条)。また、「発達障害者とは、発達障害を有するために日常生活又は社会生活に制限を受ける者をいい、発達障害児とは、発達障害者のうち十八歳未満のものをいう。」(第2条第2項)と定義されています。

発達障害者支援法によって、どんな支援がおこなわれるのですか?

国および地方公共団体については、発達障害の早期発見のため必要な措置を講じること、就学前の発達支援、学校における発達支援その他の発達支援がおこなわれるとともに、発達障害者に対する就労、地域における生活などに関する支援、発達障害者の家族に対する支援がおこなわれるよう、必要な措置を講じることが定められています。発達障害者の支援などの施策が講じられるに当たっては、発達障害者や発達障害児の保護者の意思ができるかぎり尊重されなければならないこともうたわれています。

さらに、発達障害者の支援などの施策を講じるに当たって、医療、保健、福祉、教育、労働に関する業務を担当する部局の相互の緊密な連携を確保するとともに、犯罪などによって発達障害者が被害を受けることなどを防止するため、これらの部局と消費生活に関する業務を担当する部局その他の関係機関との必要な協力体制の整備をおこなうこととされています。

また第4条では、国民の責務として、「国民は発達障害者の福祉について理解を深めるとともに、社会連帯の理念に基づき、発達障害者が社会経済活動に参加しようとする努力に対し、協力するように努めなければならない」こともあげられています。

さらに、第5条で、市町村に対しては、「母子保健法に基づく乳幼児健康診査、学校保健法に基づく健康診断において発達障害の早期発見に十分留意することが必要であり、発達障害の疑いのある場合には、適切に支援をおこなうため、継続的な相談をおこなうとともにその保護者に対し、都道府県に設置された発達障害者支援センターやその他の機関を紹介し、助言をおこなうなどの適切な措置を講じる」(要約)ものとしています。→図表Ⅰ-2

■図表I-1　発達障害者支援法のねらいと概要

I　ねらい

- ●発達障害の定義と発達障害への理解の促進
- ●発達障害者に対する生活全般にわたる支援の促進
- ●発達障害者支援を担当する部局相互の緊密な連携の確保

II　概要

定義：発達障害＝広汎性発達障害（自閉症等）、学習障害、注意欠陥・多動性障害等、通常低年齢で発現する脳機能の障害

乳幼児期	学童期	就学後
●早期の発達支援 ●乳幼児健診等による早期発見	●就学時健康診断における発見 ●適切な教育的支援・支援体制の整備 ●放課後児童健全育成事業の利用 ●専門的発達支援	●発達障害者の特性に応じた適切な就労の機会の確保 ●地域での生活支援 ●発達障害者の権利擁護

発達障害者支援センター　専門的な医療機関の確保（都道府県）

専門的知識を有する人材確保　調査研究（国）

■図表I-2　軽度発達障害の発見とその後の支援体制に関するモデル

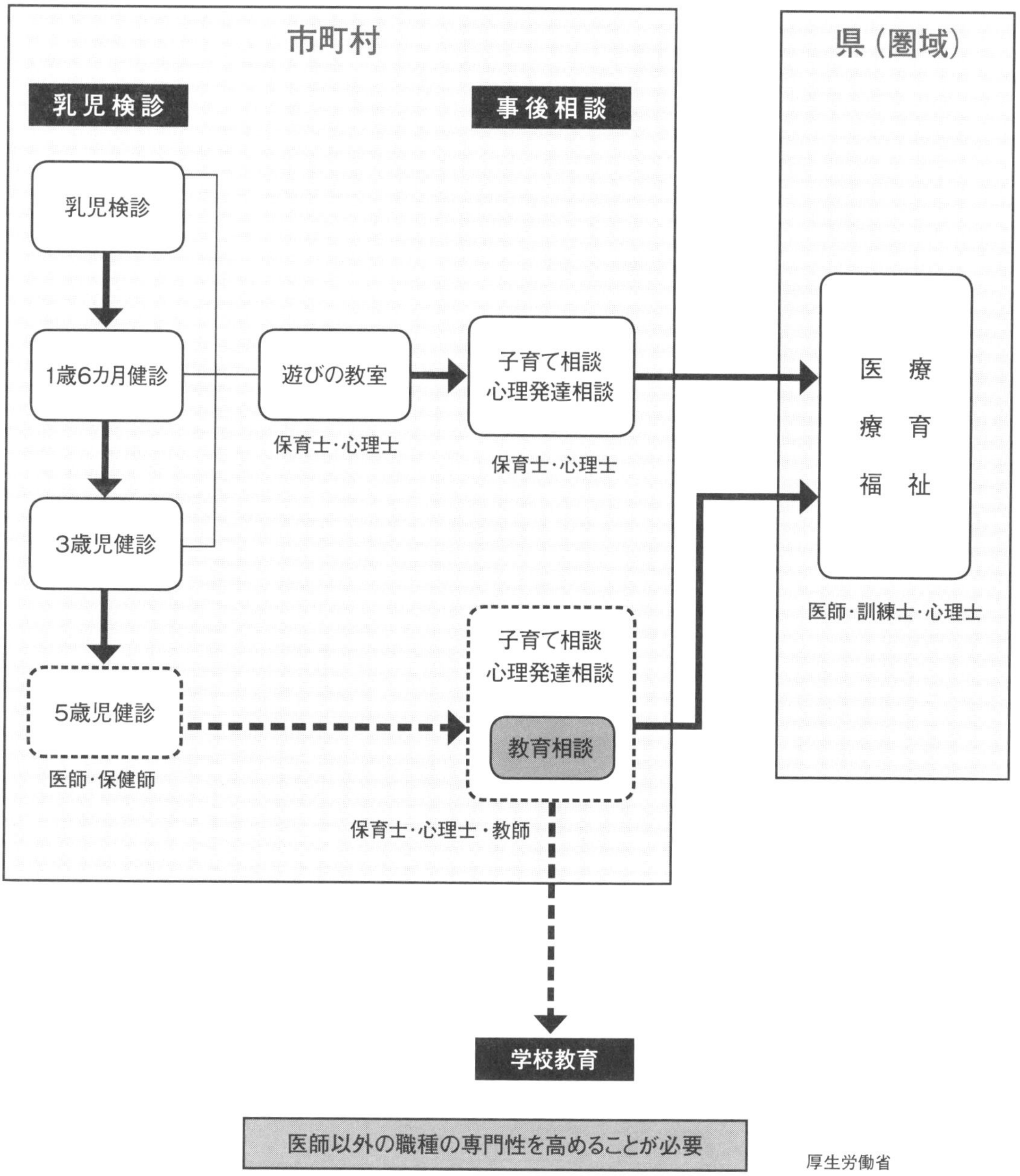

厚生労働省

第2部

主な発達障害

第1章

ＬＤ（学習障害）

ＬＤの定義を教えてください

ＬＤ（Learning Disabilities）は学習障害と訳され、知的な発達におおきな遅れはないのに、学習面で特有のつまずきや習得の困難さをもつ子どもに対して使われる教育用語（主に学校現場で使われる言葉）です。

単なる勉強のできなさや学習の遅れではなく、その背景に認知発達の部分的な遅れや偏りがあって学習の困難が生じていると推定される場合にＬＤと判断されます。認知機能のバランスの悪さがその原因となって起きると考えられるのです。

文部科学省は、１９９９年に、ＬＤについて、つぎのような定義づけをしています。

「学習障害とは、基本的には全般的な知的発達に遅れはないが、聞く、話す、読む、書く、計算するまたは推論する能力のうち特定のものの習得と使用にいちじるしい困難を示すさまざまな状態を指すものである。学習障害は、その原因として、中枢神経系に何らかの機能障害があると推定されるが、視覚障害、聴覚障害、知的障害、情緒障害などの障害や、環境的な要因が直接の原因となるものではない。」（１９９９年7月の「学習障害児に対する指導について（報告）」より抜粋）

この定義にあるように、聞く、話す、読む、書く、計算する、推論するなどの学習に必要な能力が著しく低下している分野があって、さまざまな学習の状態を示すＬＤ児がいます。

ＬＤがある子どもの特徴とはなんですか?

ＬＤのある子どもが教室でよく見せる特徴としては、つぎのようなものがあります。

●話を聞くことが苦手、あらすじをとらえることが困難。
●まとまりのない話し方をする。
●読むのが遅く、たどたどしい。
●読み間違いや勝手読みが多い。

■図表Ⅱ-1　LDの特徴

①計算が苦手

②漢字の書き取りが苦手
鏡文字を書いてしまう

③読み方がたどたどしい

●鏡文字（左右がひっくり返った文字）を書くことがある。
●特殊な字（「っ」「ょ」「ゅ」など）の読み分けや書き分けができない。
●漢字が覚えられない。
●黒板の字をノートに書き写せない。
●文の意味理解が弱く、作文も苦手。
●計算が苦手、九九を覚えるのが困難。
●計算はできても、文章題が解けない。
●図形がよく理解できない。
●分数や小数、比例がよく理解できない。
●やったことの見直しや作業の時間の配分がうまくできない。

たとえば、文字が引っくりかえって見えたり、重なって見える場合もあります。

LDの特徴は、できることとできないことが混在するところにあります。そのため、見えにくい障害ともいわれます。LDであることが本人にも、周囲にもわからないために、「だめな人間」「どうせできない」という自己認識や、周囲も「怠けている」「努力が足りない」といった判断をしがちです。早い時期から適切な指導を受けないと、学習障害の困難さが加わり、勉強意欲の低下、自尊心の低下、周囲への拒否反応など、二次症状が目立つ場合もあります。

また、ADHD（注意欠陥多動性障害、DSM-5では注意欠如多動症）の合併や対人的な認知能力、社会性の能力（ソーシャルスキル）に困難をもつという問題を併せもつこともあります。教育支援にあたっては、学習困難の克服とともにADHD、対人・対社会面の障害の重複性についても十分に配慮した指導をする必要もあります。

LDのタイプ

LDにはいくつかのタイプがあります。図表Ⅱ-2を見てください。

●読みの障害　もっとも多いタイプで、読字障害とかディスレクシアとも呼ばれます。英語圏では古くから知的に遅れはないのに文字の読みに困難をもつ人びとに対して、1884年、ドイツの眼科医ルドルフ・ベルリンによってディスレクシア(Dyslexia)と報告され命名されました。読字障害、失読症、難読症、識字障害などとも訳されることがあります。知的能力及び一般的な学習能力の脳内プロセスにとくに異常がないにもかかわらず、書かれた文字を読むことができない、読めてもその意味がわからないなどの症状を言います。具体的には、「読み間違いが多い」「すらすらと読むことができない」「読解がむずかしい」ことが挙げられます。ただし文字と意味をそれぞれ単独には理解できているのが特徴です。「ともだち」という4文字が読めても、「友だち」という単語を理解しているわけではありません。

　この困難さの主な原因として「音韻認識」の弱さが指摘されています。文字と音を対応させる、文字から音を想起する、この両方に困難を抱えているといわれています。ディスレクシアは英語圏の人びとに顕著で、アメリカでは人口のおよそ15％の人が何らかの程度でディスレクシアを抱えているとも言われています。米国のハリウッドの有名な俳優がディスレクシアであることをカミングアウトしていますが、数々のヒット作に出演して長年トップ俳優として活躍しています。

　日本では、欧米にくらべてディスレクシアの数は少ないといわれてきました。日本語の場合、かな文字は1文字1音なので読みは英語よりやさしいのですが、ひらがな、カタカナ、漢字、漢字の音と訓、欧文略語、外来語の多用など、他種類の文字からなる複雑な言語なので、やはり、読み書き領域でのLDはけっして少なくはありません。

●書きの障害　読みには問題がなく、書字にのみ困難をもつ場合は、こう呼ばれます。

●算数の障害　読み書き領域以外の障害です。暗算ができない、数や量の理解や関係がよく理解できない、図形や分数、小数、あるいは比例関係がわからない、文章題が解けないなど、算数領域で特有のつまずきや困難を示します。
　このほかに、聞く、話すといった口頭言語に見られる学習困難を教育定義ではLDの中に入れる場合もありますが、医学ではコミュニケーション障害と分類する場合もあります。→図表Ⅱ-3

■図表Ⅱ-2　LDとディスレクシアの位置関係

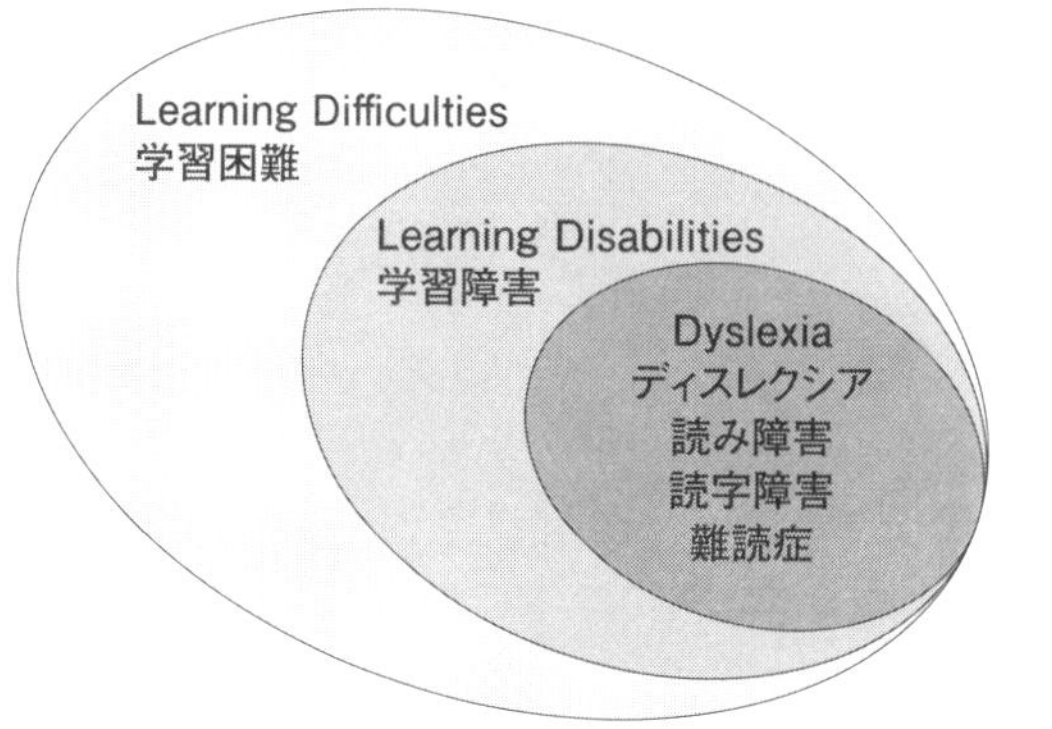

出所：上野一彦（2006）『LD（学習障害）とディスレクシア（読み書き障害）子供たちの「学び」と「個性」』講談社より改変

LDの判断はどのようにされるのですか？

　2004年に文部科学省から出された「小・中学校におけるLD（学習障害）、ADHD（注意欠陥／多動性障害）、高機能自閉症の生徒への教育支援体制の整備のためのガイドライン」では、学校に校内委員会や特別支援教育コーディネーターを置くこと、教育委員会には専門家チームを置くこととされています。

　この専門家チームは、教育委員会の職員、特別支援学級や通級指導教室の担当教員、通常の学級の担当教員、特別支援学校の教員、心理学の専門家、医師などによって構成されます。LDの判断は、原則としてチーム全員の了解に基づき判断するとされています。その際、知的能力の評価、教科の学習に関する基礎的能力の評価、心理面・行動面の評価、医学的な評価などがおこなわれます。日本では、伝統的に障害の診断は医療機関が中心となっておこなってきましたが、LDは本来教育用語なので、各種の専門家たちによって総合的に判断することが必要だとされたわけです。

　教育支援体制整備のガイドライン（文部

■図表Ⅱ-3　LDつまずきのタイプ

タイプ		つまずきの内容とその例
口頭言語のLD	聞く	・注意記憶…聞きもらしや記憶のまずさなど ・音韻認知…音や音のまとまりを聞き分けるなど ・意味理解…言われたことの意味を理解するなど ・語用的理解…比喩表現、冗談,皮肉などの理解など
	話す	・構音…発音しにくい音があるなど ・語彙…言葉の量（語彙量）と質（正しい使い方） ・結語…助詞などの文法や文章表現など ・語用…会話の力や文脈や聞き手に応じた表現など
書字言語のLD	読む	・読字…ひらがな、漢字などを読むこと。勝手読み、飛ばし読み、逐次読みなどとして現れる ・読解…文章の理解。説明文と物語文で読み取りの間違いもみられる
	書く	・書字…ひらがなや漢字を正しく書くこと。字を書くのに時間がかかる、読みにくい字を書くなど。鏡文字、勝手字などが見られる ・統語…文章を書くこと、助詞などの文法、句読点等のルールなど ・作文…内容の想起、読み手に応じた表現、文章構成、表記ルールなど
算数のLD	計算・推論	・数概念…数の順序、大きさ、関係、量イメージなど ・演算…四則演算、暗算、筆算など ・小数、分数…小数、分数の概念理解。計算 ・文章題…四則演算の意味の理解、四則演算の応用、言葉の理解など ・図形領域…形や空間をとらえる、描く。図形の認知 ・論理的思考…物事の関係性や共通性を見出す、因果関係の理解など

科学省、２００４）では、学校現場で専門家チームによって以下の４つの基準から総合的にＬＤを判断するものとしています。

❶知的能力の評価　全般的な知能の遅れがないことの確認や、個人内の認知能力のアンバランスがあるかどうか

❷国語などの基礎能力の評価　定義にある、聞く、話す、読む、書く、計算する、推論するなどの基礎的学習能力にいちじるしいアンバランスがあるかどうか

❸医学的な評価　中枢神経系に何らかの機能障害があると推定されるかどうか

❹他の障害や環境的要因で説明できないこと

どのような検査をするのですか？

知的に遅れていないことや、部分的な偏りのあることを明らかにするために知能検査や認知能力検査が用いられます。代表的なものに、ＷＩＳＣ−Ⅳ（Wechsler Intelligence Scale for Children-Fourth Edition）やＫＡＢＣ−Ⅱ（Kaufman Assessment Battery for Children Second Edition）などがあります。対象となる子どもの知的能力や認知能力に全般的な遅れが

ないことやアンバランスさがあることを確認するわけです。こうしたアセスメント評価にあたっては保護者の同意を前提とします。

また校内委員会から提出された資料、学力検査などの結果から、学習の到達度やつまずきの特徴を把握します。

知的障害との境界付近の知的発達のようすを推定するとともに、聞く、話す、読む、書く、計算する、推論する、といった学習の基礎的能力のいずれかに、とくにいちじるしい困難がないかが判断のポイントになります。校内委員会から提出された資料、巡回相談員や専門家チームの構成員がおこなった行動観察の資料などから心理・行動面の特徴も把握します。

心理検査はどのように活用されるのでしょうか?

LDがなぜ学習に遅れやつまずきをもちやすいのかといえば、それは子どもの脳の働きに何かアンバランスさのあることが推定されるからです。そうしたアンバランスさの一部は知能検査や認知検査といった心理検査のアセスメントによって明らかにすることができます。そこでLDの判断にあたっても、そうした心理検査のくわしい評価を求めるわけです。

専門家によってLDであることを明らかにする目的は、その子どもの状態を正確に知って、よりよい支援のあり方を探ることにあります。

心理検査を受けることがなぜ必要かといえば、その子どもの学習や行動の背景にある脳の働き、つまりその子どもの知的な情報処理の特徴や行動のメカニズムを知りたいからなのです。

心理検査はそうした情報を得るための道具(ツール)であり、その情報を子どもたちのためにどう活かすかが心理の専門家の手にゆだねられているのです。

また特別支援教育は1人ひとりの子どものニーズに応える教育と言われます。心理検査の利用面でもさまざまな影響が及んできています。最近の動向は、知的発達の全体レベルの推定だけでなく、ひとりの子どもの中での能力の特徴(個人内差)や知的処理(プロセス)の特徴を明らかにしようとしていることです。まさに判別から指導へという目的の変化が心理検査の利用にもみられるのです。

WISC-Ⅳ(ウィスク・フォー)とはどのような検査ですか?

心理学の専門的な知識と技術的なトレーニングを受けた心理専門家(わが国ではまだ国家資格化されていませんが、臨床心理士、特別支援教育士、学校心理士、臨床発達心理士などの学会が認定する民間の心理資格があります)が検査をおこないます。↓

第3部第3章参照

WISC-Ⅳは、全体的なIQ水準の他に、

言語理解、知覚推理、ワーキングメモリー、処理速度の４つの指標得点によって、子どもの精神発達過程、精神発達の特徴などを把握することができる世界でもっとも多く使用されている個別式の知能検査です。

ＫＡＢＣ-Ⅱ（ケーエービーシー・ツー）とはどのような検査ですか？

知能検査を補完する認知能力検査といわれます。検査結果を教育的働きかけに結び付けられるような検査を目指して作成されています。最初のＫ-ＡＢＣを改訂したものがＫＡＢＣ-Ⅱです。Ｋ-ＡＢＣでは、認知処理過程尺度（情報を認知的に処理して問題を解く能力）と習得度尺度（日常生活や学校の授業で習得した知識）との比較ができたのですが、日本版ＫＡＢＣ-Ⅱでは、習得度検査を新たに作成し、認知処理と習得度の比較を、よりくわしくできるようになりました。

心理検査はどこで受けられるのですか？

これらの心理検査は、心理師（士）を置いている病院やクリニックなどの医療機関、あるいは発達相談所や教育相談所で受けることができます。多くの場合、予約が必要です。公立の相談機関などでは無料で受けることもできます。特別支援教育が進んでいる地域では、保護者が専門家チームにおける相談を了承すれば、校内委員会からの要請によって、教育委員会から心理師（士）が学校に派遣され検査評価をする場合もあります。

わが国では心理検査を実施する心理師（士）などの資格は、これまで学会などが認定する民間資格（臨床心理士、臨床発達心理士、特別支援教育士、学校心理士など）が主でしたが、２０１８年９月から公認心理師という国家資格試験がスタートし、一層の専門化が進むようになりました。国家資格である言語聴覚士などの専門家の中にもこうした検査ができる資格を持つ者がいます。

→１０９ページ参照

心理検査を受けるとき注意することがありますか？

資格問題とも関係するのですが、心理的能力を査定したり解釈したりする際には、十分な知識と技術、そして深い倫理的な専門性が求められます。とくに、そうしたアセスメントにあたって必要なことは、アセスメントを受けた人の人権が尊重されなければならないということです。

そのためには検査の結果についてもていねいな説明を受けるべきです。本人や保護者の同意のないまま不適切な措置につながったりしてはなりませんし、関係者は、個人の情報としての守秘義務についても理解が必要です。

あくまでも心理検査を受ける目的は、本人の利益のためだということを忘れてはなりません。また、結果についてのていねいな説明を保護者は受けることができますが、詳細な専門的検査データをすべて開示することは、検査内容の秘密保持の観点から特別な場合を除き、一般には制限されます。

ＬＤの子どもはどのくらいいるのですか？

ＬＤ児出現の推定は、子どもたちの教育施策を考えるうえでも重要な課題です。日本で、その根拠となっているのは２００２年に文部科学省（当時、文部省）が実施した「通常の学級に在籍する特別な教育的支援を必要とする児童生徒に関する全国実態調査」の結果です。この調査は、全国の公立小学校および公立中学校の通常の学級に在籍する子ども約4万人を対象とし、学級担任と教務主任などの複数の教員が判断し、回答を寄せたものです。2012年に、10年ぶりに全国規模での再調査が5万人規模で実施されました。

その結果、LD様の生徒数4・5（4・3）%、ADHD様の生徒3・6（2・5）%、高機能自閉症様1・1（0・8）%、行動面にいちじるしい困難をもつ生徒数3・6（2・9）%、学習と行動面の両方を合計すると、全体では6・5（6・3）%という出現推定割合が報告されました（数字は2012年、カッコ内は2002年のデータ）。これらの子どもたちの間には症状が重複したりする場合もあります。→図表Ⅱ-4

この調査は、LDの専門家チームによる判断や、医師による診断によるものではありませんので、科学的に確定した出現率とみなすことはできませんが、知的発達に遅れはないものの、学習面や行動面でいちじるしい困難をもっていると担任教師が回答した生徒の割合が約6%ということの報告は、日本の教育施策を策定するうえで重要なガイドラインになっています。

■図表Ⅱ-4　学習面や行動面でいちじるしい困難を示す児童生徒の割合と関連

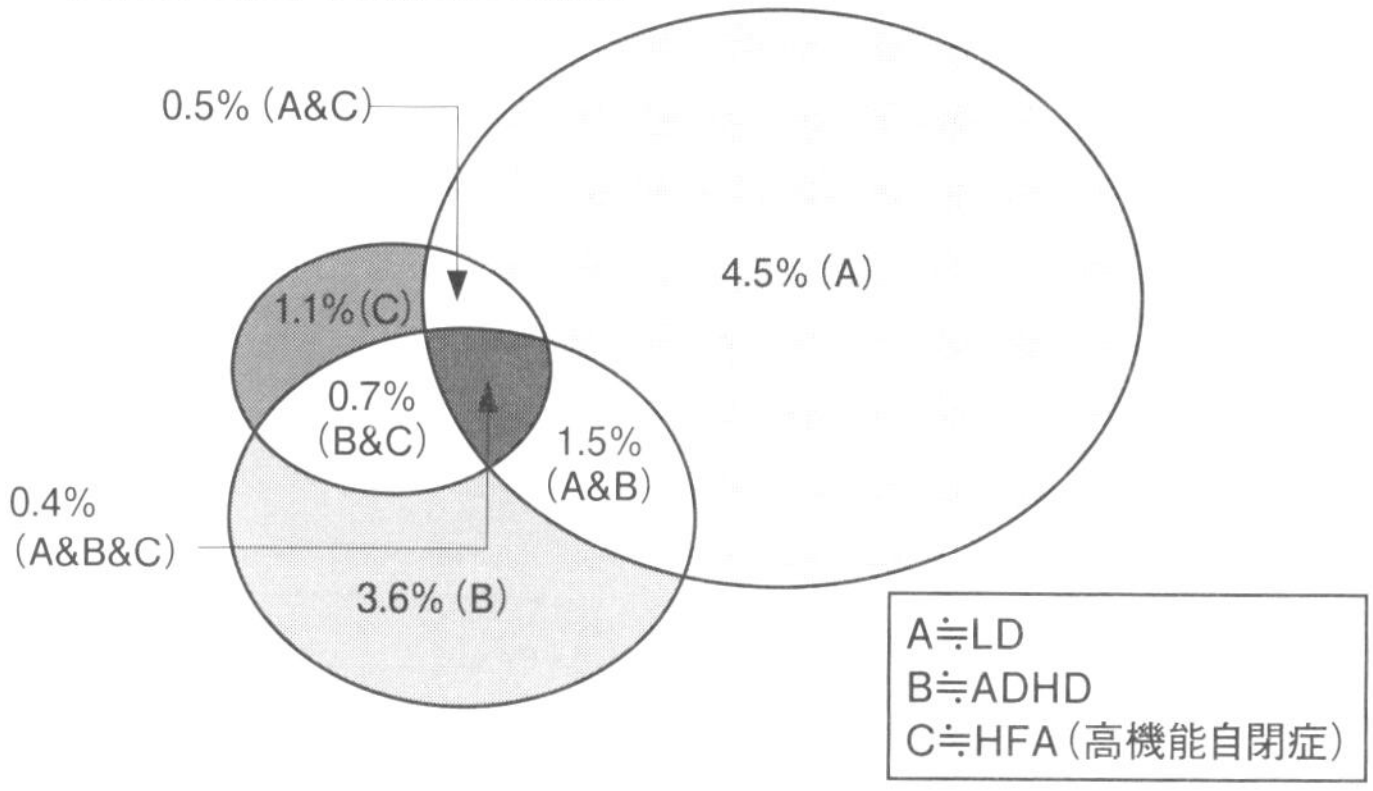

出所：「通常の学級に在籍する特別な教育的支援を必要とする児童生徒に関する全国実態調査」（2012）調査結果より作成

LDに対する教育はどのようにおこなわれてきたのですか?

LDという教育用語は1960年代初頭に、米国で軽度障害の教育支援への関心の高まりから生まれ、世界中に広がっていきました。米国では1975年に、全障害児教育法（現在は「個別障害者教育法」）という法律で障害児と認定されたすべての子どもに「個別教育計画」（Individualized Education Program：IEP）をつくることが定められました。わが国では「個別の指導計画」と呼ばれています。

今日、IEPによる教育支援を受けている子どもは全児童生徒の約1割、その内、LD児が半分以上を占めているといわれています。→図表Ⅱ-5

IEPは「障害児の特別な教育ニーズを満たすために考案された指導を提供し、またはその提供を監督する権限をもった地方

■図表Ⅱ-5　米国における義務教育段階での障害生徒の比率

●全障害での%（全生徒での%）

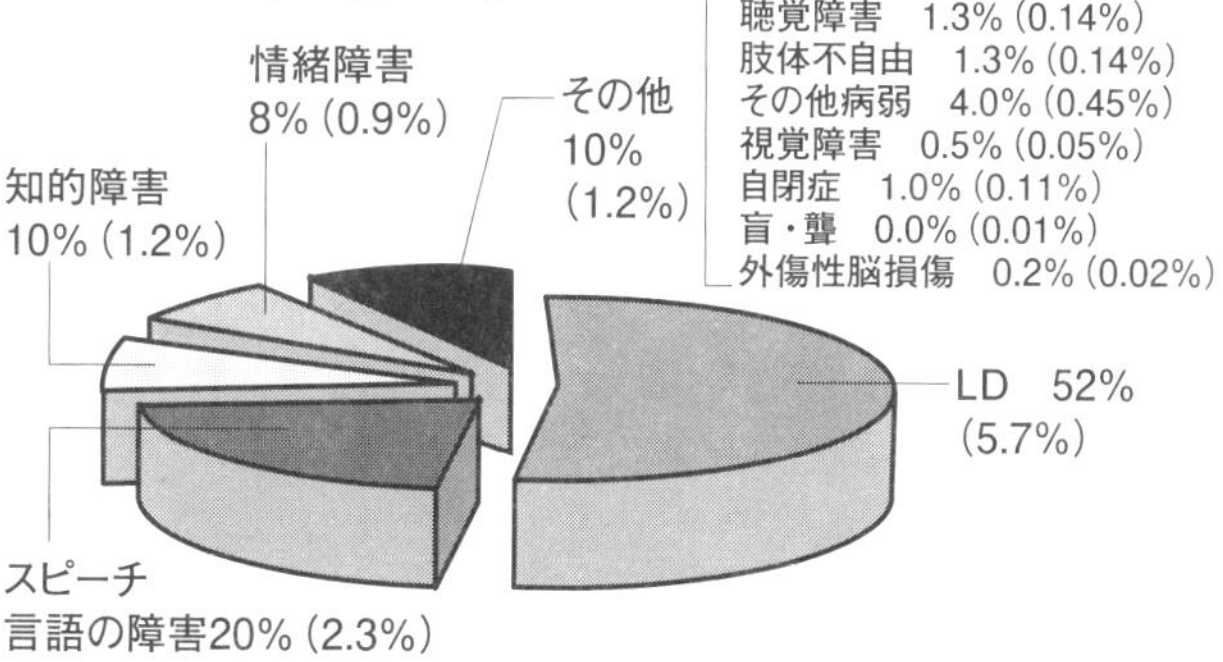

出所：U.S.Department of Education.（2003）.Twenty-second Annual Report Congress on the Implementation of the Children with Disabilities Education Act,Washington,DC：U.S.Government Printing office.

の教育機関または中間教育ユニットの代表、教師、障害児の親、本人を加えて構成される会合で、障害児1人ひとりのために作成された文書」であると定義されています。

日本では1990年頃から、LDのある子どもへの教育支援に関して公的な検討と対応が始まりました。2005年に施行された「発達障害者支援法」では、LDは自閉症やADHDなどとともに「発達障害」と総称され、はじめて法的に位置づけられて以来、教育支援が急速に進展しています。2006年には、通常の学級に在籍したまま特別な支援指導が受けられる「通級による指導」の対象としても明示され、特別支援教育の体制が整備されはじめました。

また、就学前教育や高校などの支援体制も整備されつつあります。また、2010年度の大学入試センター試験から、障害のある者への配慮として発達障害が加えられ、大学受験では発達障害も、視覚や聴覚、肢体不自由、病弱などの身体障害と同様に障害に配慮される試験になっています。

LDの相談窓口は、就学前では子ども発達相談センター、小中学校、高校では教育相談センターになっていますが、それぞれの学校・園には校内委員会があり、コーディネーターの役割の先生もおかれているので、積極的に相談されるとよいと思います。

LDと他の発達障害とはどのような関係にあるのですか？

LD、ADHD、自閉症などは、日本の法律では「発達障害」として総称されます。LDとその周辺の発達障害の沿革を図表Ⅱ-6に示しました。これら発達障害に共通しているのは、どれも脳（中枢神経系）の発達と関係していることです。LD、ADHD、自閉症などには、それぞれ特徴がありますが、障害が重複していたり、発達の過程で主要な特徴や対応すべき課題が変化することがあります。そこで、それぞれの障害を別個のものと考えるのではなく、共通部分があるということを認識する必要があります。

発達障害としての共通特性の認識に加えて、注意が必要なのは知的障害との関係です。LD、ADHD、自閉症などは、知的障害とは基本的に区別して考えられていますが、子どもの発達に注目すると発達障害と知的障害の間にはある種の連続性があると考えるべきです。知能的発達が平均範囲にあっても低めの場合、ていねいな理解と対応が必要なので、そうした知的にゆっくり育っている特徴を発達障害のある子どもの特徴とは混同しないように配慮して指導しなければなりません。

たとえば、自閉症が知的障害を合併する場合があることはよく知られています。そこで知的発達に遅れのない自閉症を「高機能自閉症」と呼ぶことがあります。また、自閉症はコミュニケーションの障害を主要症状の1つとしてもっていますが、コミュニケーション能力の発達の良好なものを「アスペ

■図表Ⅱ-6　LDとその周辺の概念の沿革

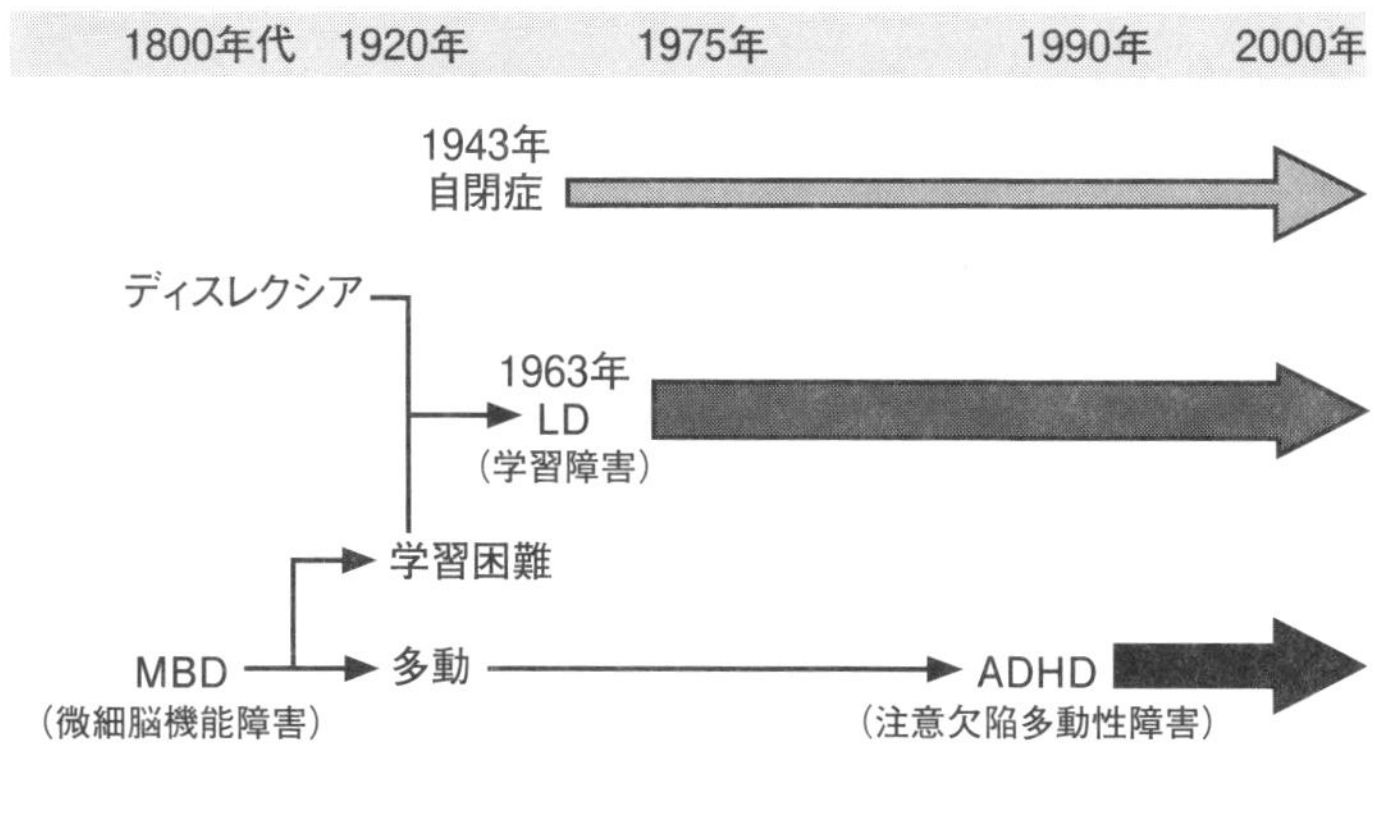

出所：上野一彦（2003）『LD（学習障害）とADHD（注意欠陥多動性障害）』講談社を改変

ルガー症候群」と呼ぶことがあります。近年、これらを総称して自閉症スペクトラム障害として考える方向が強くなってきています。

LDのある子どもの学校での支援方法・クラス運営のポイントにはどのようなものがありますか?

LDのある子どもに対する支援は、基本的にどの子どもにも必要な支援だと考えています。わかりやすい指示、全体の流れが理解できる説明、ポイントが一目でわかる掲示や板書などの工夫によって、1人ひとりが「わかった」「やった!」という満足感・達成感がもてる授業や学校生活の実現が目標になります。

LDのある子どもだけを特別に支援する、と考えるのではなく、クラスのどの子どもにとってもわかりやすい授業、学校にいることが楽しいと思えるようなクラス運営が大切です。

もちろん、子どもひとりひとりの実態を把握し、全体への配慮で対処できることと、個別的な支援が必要なこととに分けることが必要です。教科によっては少人数指導や習熟度別に分けた指導も増えてきています。実例を挙げながら説明しましょう。

●学級経営での工夫

大切なことは、1人ひとりの特性は違って当たり前、ということを子どもたちにきちんと理解させることです。そのためには、教師自身がそのことを十分理解する必要があります。子どもたちがおなじ課題にとりくむ際にも、そのやり方などはさまざまであってよいのです。

たとえば、明日の予定や持ち物を連絡帳に記入する際、教師の話を聞いてすぐメモできる子どももいますし、それがむずかしい子どももいます。そのような子どもへの具体的な支援方法として、黒板の脇にホワイトボードや補助黒板を置き、そこに予定や持ち物を書き、それを連絡帳へ写す、そして必要に応じて確認できるようにします。ホワイトボードの内容を連絡帳に書き写すことがむずかしい子どもには、ホワイトボードとおなじ書式のプリントを渡し、枠の中に書かせる方法もあります。

図表Ⅱ-7を見てください。ある小学校の教室ですが、黒板の左端に今日の時間割が記入してあり、残り時間が量として捉えられるタイマーが黒板脇にかけてあります。時間割とタイマーを併用することで課題や作業をおこなう時間の配分がわかるように工夫されています。

■図表Ⅱ-7　黒板脇に明日の予定を記入

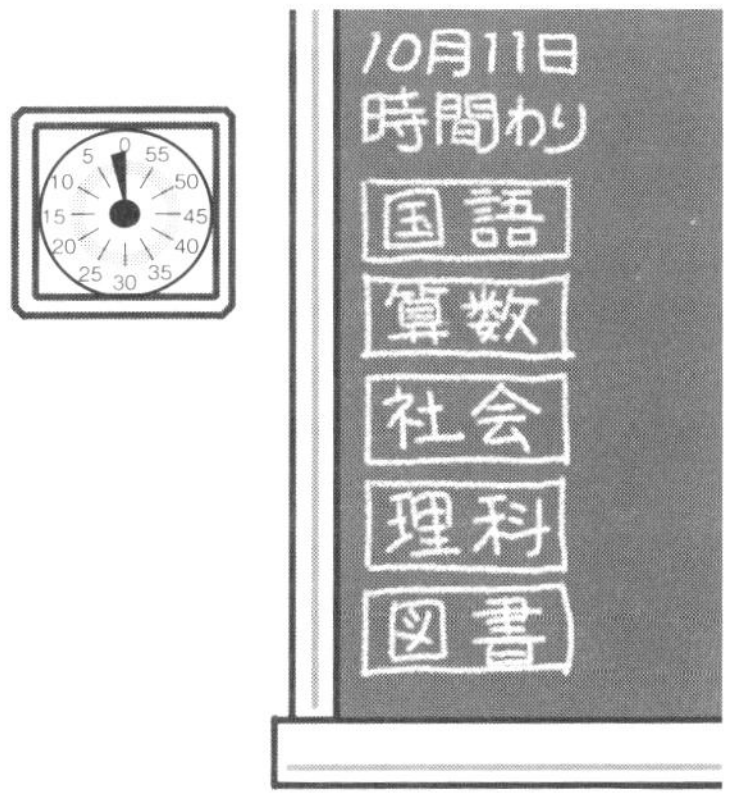

また、この学校は全校で環境整備にとりくんでいます。教室の前面には写真の掲示物の他は、黒板の上に学年目標が貼ってあるだけで、子どもたちが掲示物によって気が散らないよう工夫がされています。

そういった工夫が特定の子どものために特別におこなわれるのではなく、どの子どもにも利用できるように配慮されていることが重要です。

個々への支援方法にはどのようなものがありますか?

子どもひとりひとりの実態に応じて、さまざまな支援方法がありますから、まずその子どもの特性を把握することが重要です。特性が把握できたら、その子どもの得意なことや強い能力を上手く利用して補う方法を考えます。

たとえば、教科書を読むときに、どこを読んでいるのかわからなくなったり、行をとばしたりしてしまう子どもには、1行だけ見える補助具を使わせることも効果的です。図表Ⅱ-8を見てください。1行だけ見える枠をつくると同時に、そのページに子どもが見やすい色のセロハン紙をかぶせています。薄い水色や黄色のセロハン紙を通して見た方が、文字が判読しやすい子どももいます。

黒板の文字を書き写すことが苦手な子どもには、書き写す箇所を色チョークで板書して注意を促したり、あらかじめ板書の内容を書いたプリントを渡したりする方法もあります。

困ったことがあっても言葉に出して「困っている」「教えてほしい」と意思表示することが苦手な子どももいます。図表Ⅱ-9は「意思表示カード」の一例です。「困ってますカード」「静かにしてカード」「OKカード」など、イラストと文字を組み合わせ子どもの状況に合わせて、カードを作ります。ケースに入れて持たせておくといつでも使えます。

年齢が高くなると特別扱いされることをいやがる場合もあります。ですから、このような支援はLDのある子どもだけでなく、クラスの全員が使える環境にしておくことが重要です。たとえば、書きやすい大きさのマス目のノートや原稿用紙、補助プリントや九九表などは多めに準備し、必要な子どもは使ってよい決まりにして、だれもが学びやすい環境をつくるよう工夫することが大切です。

■図表Ⅱ-8　1行だけ見える補助具

■図表Ⅱ-9　意思表示カード（各種）

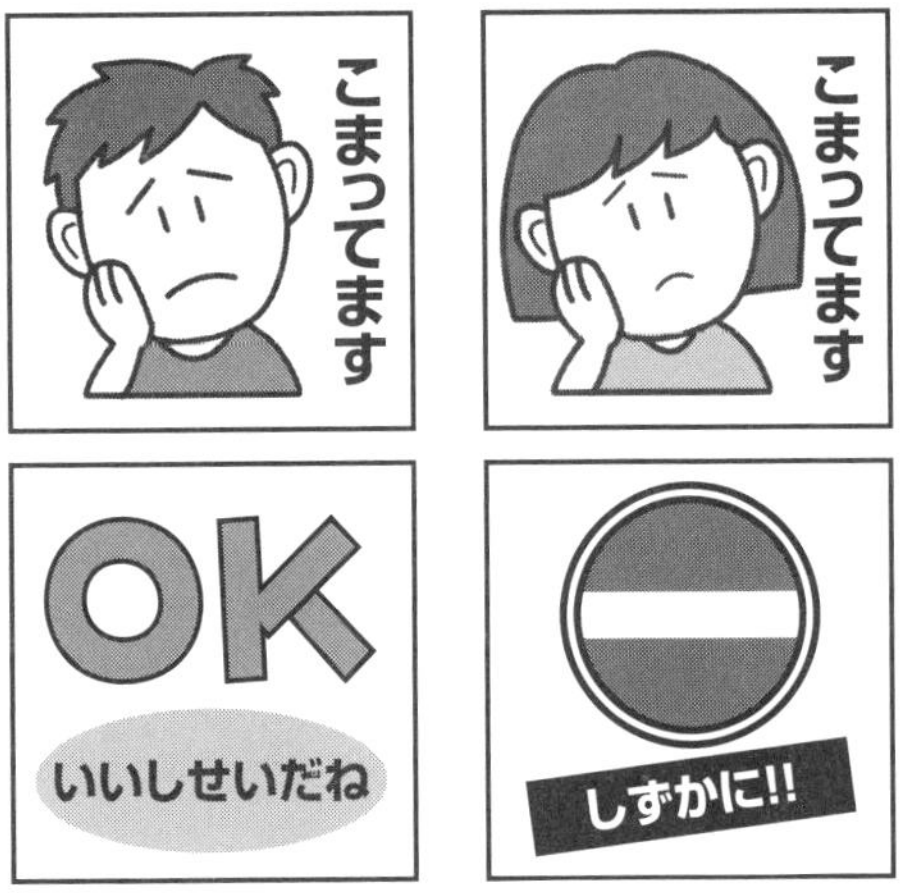

家庭でできるLDのサポート・工夫はありますか？

LDのある子どもの困難さは、「聞く」「読む」「書く」「計算する」ことなどさまざまな特性があります。まず大切なことは、子どもの困難さについて十分理解することです。子どもはどこが苦手か、またどんなことが得意かを知ることです。とくに「得意」なことを知ることは、どんな方法で補うことができるかを考える上でとても重要なポイントなります。

子どもの苦手な部分ばかりでなく、得意なこと、好きなことに目を向けてください。そのためには、子どものようすをよく観察することが必要です。どんなことに喜んでとりくんでいるかについても把握してください。子どもの得意なこと、好きなことを子どもに聞いたり、年長の子どもであれば、困ったことに対応する方法を子どもと話し

■図表Ⅱ-10　『避難訓練』ドロップレット　プロジェクト

@ ひなん訓練
明日は避難訓練が
あるよね。
先生の指示を
よく聞いてね

合い、一緒に工夫していくことも大切です。

困っていることがひとつでも具体的に解決できたら、ほめてあげることも大切です。そして次の課題に取り組んでいくことによって、さまざまな困ったことが具体的にクリアしていけるのです。

絵や補助器具を使う

たとえば、「聞く」ことや「読む」ことが苦手だけれど見て理解することは得意な場合は、目で見てわかるような絵や図、マークなどを示しながら、説明したり声がけしたりするとよいでしょう。

図表Ⅱ-10のように、簡潔でわかりやすい絵を示しながら、「明日は学校で避難訓練があるね。大きなサイレンが鳴るから、びっくりしないでね。先生の話をよく聞くんだよ」などと事前に話しておくとよいでしょう。先生の指示を聞くことが苦手な子どもや先の見通しをもちにくい子どもにとっては、避難訓練があること、大きなサイレンが鳴ることなど、事前に起きることを知ることで、心の準備をすることができます。日常と違うことはとくにていねいにわかりやすく事前に説明すると、落ち着いて参加できるものです。

家でそうじの手伝いをさせるときには、図表Ⅱ-11のように事前に絵を示して「そうじの時間になったらこの絵を見せるからね」と声をかけておきます。こうした指示をくり返すことで、絵を見せるだけでそうじのお手伝いをする時間がわかるようにもなります。家庭で日常的な行動をいくつかの絵を組み合わせて示すことで、一日のスケジュールをわかりやすく伝えることもできます。

ただし、絵に短い単語を文字で添えた方がわかりやすい、特定の色が見にくい（見やすい）、見やすい文字などの大きさなど、それぞれに「好み」がありますから、それらを理解しておく必要があります。

時間を量としてとらえることがむずかしいLDの子どももいます。たとえば、「ゲームはあと5分で止めようね」と声をかけても、5分間という量がわからないので、指示にしたがうことができないのです。このような場合、子どもが時間を量として具体的に捉えられる工夫が必要です。身近にある砂時計やキッチンタイマー、写真Ⅱ-12のような残り時間を表示するタイマーを使うことも効果的です。

いずれにしても、「決めた時間内で活動

■図表Ⅱ-11　『そうじ』ドロップレット　プロジェクト

する」という目標をしっかり理解させ、適宜声がけをし、時間が守れたらほめることが大切です。これらをくり返しおこなうことで、時間を意識することが身についていきます。

　子どもの中にはとても不器用な子もいます。そのような場合は、他の子どもとおなじ道具で訓練をさせても、効果が上がらない場合もあります。子どもの特性に合わせて、使いやすい道具を与えることもポイントです。

　持ちやすい太さや形状の鉛筆、握るだけで切れるハサミ、バネで開閉するハサミなど、手頃な値段で買えるアイテムがたくさん市販されています。子どもに合った文房具、生活用品を一緒に探してみましょう。

→写真Ⅱ-13、Ⅱ-14

■写真Ⅱ-12　残り時間を表示するタイマー

「タイムタイマー」
（アクセスインターナショナル株式会社）

■写真Ⅱ-14　ハサミ

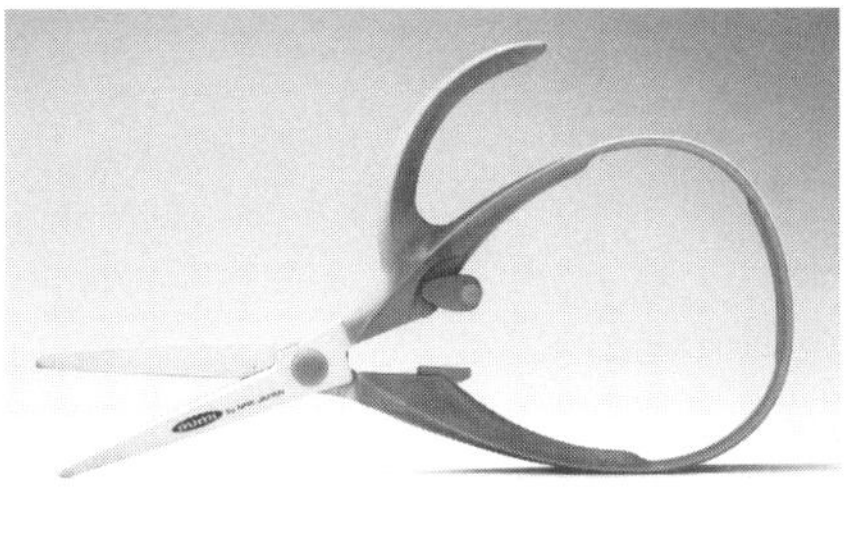

「みんなのはさみmimi」
（日本利器工業株式会社）

■写真Ⅱ-13　鉛筆をにぎりやすくするグッズ

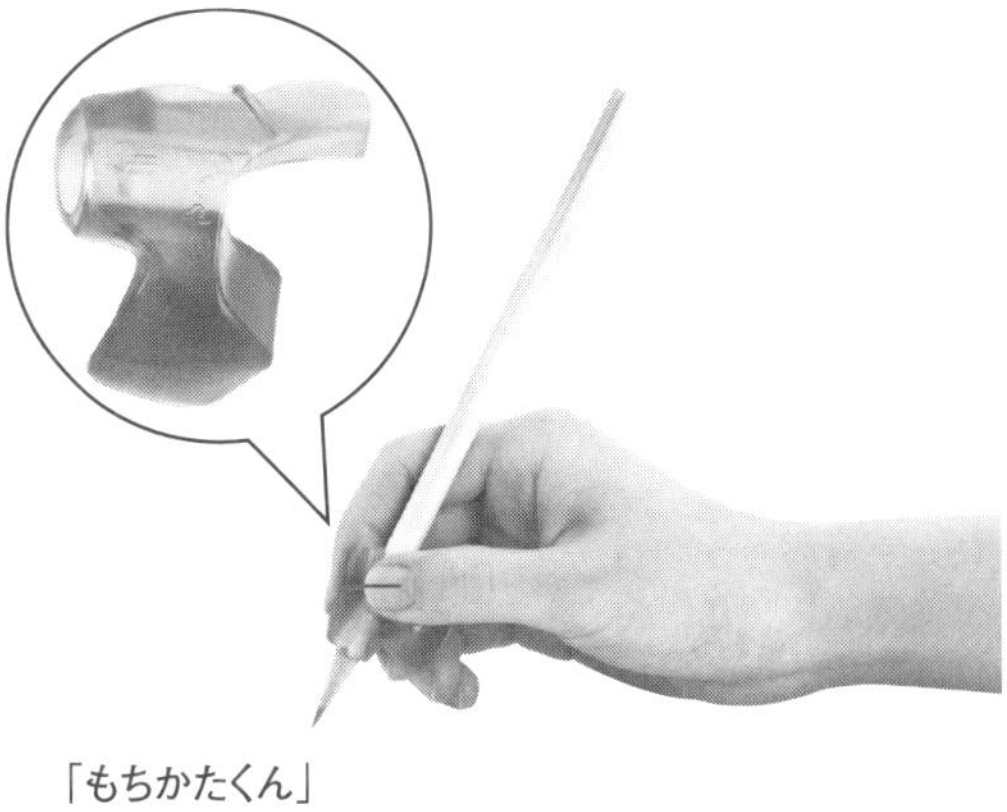

「もちかたくん」
（株式会社トンボ鉛筆）

クラスの子どもたちに対して必要な配慮は？

子どもたちがＬＤのある子どもへの理解を深めることは、一朝一夕でできることではなく、子どもたちの発達段階に対応して、継続的にくり返しくり返し理解を促していくことが不可欠です。

その前提になるのは、教師が子どもたちひとりひとりの個性を理解し、それぞれの特性に応じた教育指導をおこなうという方針を具体的な行動で子どもたちや保護者に示すことです。その一環としてＬＤのある子ども特性や行動の特徴をまわりの子どもたちにさりげなく伝えていくことは、ＬＤへの理解を深めるうえで重要なとりくみです。

ＬＤのある子どものことばかり「認める」よう、クラスの子どもたちに求めてはいけません。あくまでもクラスの一員としてとらえ、全体を大切にしていく中でその子を位置づけていく視点が大切です。

家庭においても、保護者が兄弟姉妹の個々の違いを認め、それぞれの子どものよさを認める子育てが必要です。ひとりひとりの特性は異なっていること、だれもが存在意義があることを学級経営や家庭の中で教えていきましょう。

ＬＤのある子どもが自立して生活していくためにはどのような支援が必要ですか？

ＬＤのある子どもが自立して生活していくために欠かせないことは、「自分の特性を正しく理解する」ということです。健常者であるか障害者であるかにかかわらず、「自立」して生きているという状況は、「ひとりで生きている」「ひとりで生きていく」ことではありません。人間は社会的な存在ですから、そもそも他からの支援をまったく必要としないで生きられる人はいないのです。

ですから、自立して生きるためには、自分の特性を理解し、困難に直面したとき、自分が必要とする支援を他から求める力が備わっているかがポイントになります。本人と周囲が、どのような困難があり、どんな場面で困っているかを把握し、それに応じた支援を考え出すことが重要なのです。

そのためには、子ども自身が「自分にはどのような支援が必要か」をわかっていなければなりません。小さな頃から子どもが自分の特性を理解して、困難をクリアするために必要な手段や方法を保護者や教師と共に考え、体験して、どんな支援が自分にとって必要なのか、合っているかを考えさせる習慣をつけることが重要です。

最新の情報機器の積極的な活用もおおきな威力を発揮します。書くことに困難があれば、パソコンや携帯電話、タブレット端末やスマートフォンも活用できますし、聞くことに困難があれば、書かれた文章をデジタルカメラで記録して画像として伝達してもらったり（上のイラスト参照）、あらかじめ要点を書いたプリントを準備してもらうことも効果的です。時間の理解に困難があれば、タイムタイマー、デジタル時計も分かりやすいでしょう。

第2章

ADHD（注意欠陥多動性障害）

ADHDの起源とは？

　ドイツ人医師のH・ホフマンは、1845年に『もじゃもじゃペーター』という絵本を出版しました。今風に言えば、しつけ絵本といった趣で、親の言う通りにしないとこんなひどいことが起こるよ、といったストーリーが並んでいます。多くの教科書は、ADHD（DSM-5では注意欠如多動症と訳される）の起源をこの絵本の中にある〝落ち着きのないフィリップ〟のエピソードに求めています。

　絵本ですから、現実にはなにも聞こえないのですが、フィリップのお母さんの叫ぶ声はきっと「だからいったでしょ！　何度言ったらわかるの！」だったと想像します。絵の作者は原本と異なりますが、日本でも翻訳出版されていますので入手可能です（ブッキング、復刊版、2007年）。

　1902年、イギリスの精神科医G・スティルは、連続講演の中で「道徳観の欠如」を示す43例の子どもたちの報告をしました。医学雑誌に講義録として掲載されていますので、後に「スティル氏病」とも言われるようになったこの疾患（障害）をADHDの最初の報告とする意見もあります。

　スティル氏病の詳細記述をみると、たしかにADHDの特徴はうかがえますが、む

＊「落ち着きのないフィリップの話」。夕食の席でじっと座っていられない男の子が、あやまって食事を全部床にぶちまけてしまい、両親をひどくがっかりさせる。

『もじゃもじゃペーター』
H・ホフマン、1845年
（ブッキング、復刊版、2007年）

しろ反抗挑戦性障害（Oppositional Defiant Disorder：ODD、DSM-5訳では反抗挑発症）や行為障害（Conduct Disorder：CD）の原型と言った方がよいと思います。

1960年代に盛んに議論された、微細脳損傷（Minimal Brain Dysfunction：MBD）という障害概念があります。MBDは認知、行動、情緒などの問題は「わずかな脳損傷」によって発生するという考え方です。一時期は我が国でも「診断名」として使われていました。しかし、当時の医学水準では「わずかな脳損傷」を具体的に証明できませんでした。そのため、単なるレッテル貼りに過ぎないという批判に耐えられなくなり、使用されなくなりました。

ADHDとはMBDに起源をもつ、その行動面の言いかえだろうという解釈もあります。なお、MBDの認知面はLDに、運動面は発達性協調運動障害（いわゆる不器用）に分化していったとも言われています。

ADHDの定義とは？ —DSMの場合

ADHDの定義の始まりは、やはり米国精神医学会の作成した診断基準第3版（DSM-Ⅲ、1980年）に登場する注意欠陥障害（Attention Deficit Disorders：ADD）に求めるべきでしょう。

ADDは、カナダの心理学者V・ダグラスの「多動や衝動性の根底には注意障害がある」との理論に基づき構築された障害概念です。DSM-ⅢのADDの概念は、ADHDの3つの基本症状を「不注意」「多動」「衝動性」と定めました。DSM-ⅢはADDの下位分類として、多動をともなうものと多動を伴わないADDが定義されました。

しかし、従来からの過剰な動きを示すいわゆる多動児に対応する診断が多動をともなうADD（多動、衝動性、不注意症状あり）であることには多くの臨床家の賛同と一致が得られたのですが、多動を伴わないADD（衝動性と不注意のみ）の診断一致率は思ったほどではありませんでした。

そこで、7年後のDSMの改定の際に、多動を伴わないADDはその他のADDとして、言わば「格下げ」され、注意欠陥プラス多動という不可思議な概念が造られます。それがDSM-Ⅲ-R（1987年）のADHDです。多動児によく見られる症状を14項目あげ、その内8項目あればADHDと診断することになりました。

つぎの改定のDSM-Ⅳ（1994年）ではADHDの診断法が大幅に変わって、不注意症状（9項目）と多動性-衝動性症状（9項目）に区分され、両者が共に一定基準（それぞれ6項目以上）を満たす場合に混合型、不注意症状のみを満たす場合に不注意優勢型、多動性-衝動性症状のみを満たす場合に多動性-衝動性優勢型との3つの下位分類となりました。

DSM-ⅣのADHDはDSM-Ⅲに回帰したとも表現されます。すなわち、不注意優勢型は多動を伴わないADDにほぼ一致し、混合型は多動をともなうADDに重なるのです。一般に、ADDと不注意優勢型のADHDは同じという専門家がいますが、厳密には間違った理解です。

また、ADHDの日本語訳は、DSM-Ⅲ-Rは「注意欠陥多動障害」、DSM-Ⅳは「注意欠陥多動性障害」と訳し分けられました。「性」がある方がDSM-ⅣのADHDです。診断基準が異なるので注意すべきです。日本児童青年精神医学会の用語集では、日本語訳を「注意欠如多動性障害」と変更しましたが、内容はおなじです。

2013年5月、米国精神医学会は、13年ぶりに診断基準の大幅な改訂を行いました。ADHDという障害概念に大きな変更はないのですが、その区分が従来の行動障害群から、新たに設けられた神経発達障害（Neuro Developmental Disorders）の区分に移動しました。なお、反抗挑戦性障害（Oppositional Defiant Disorder）と行為障害（Conduct Disorder）はそのまま行動障害群にとどまっています。

診断基準の変更は、主として成人期のADHDを診断しやすくするためのものです。具体的には、発症時期を7歳未満から12歳未満に引き上げたこと、17歳以上の診断の場合は、9項目中6項目ではなくて5項目を満たせばよいこと、成人の行動場面を例示に追加して紛れがないようにしたことなどが挙げられます。

これらの変更の意味は、新たに成人期に発病するADHDを診断するためではありません。成人のADHDは従来のDSM-Ⅳ-TR基準でもDSM-5基準でも大きな差異はなく、むしろ診断もれがなくなるという研究結果に基づいています。新基準が妥当なものか否かは臨床実践の中で明らかになっていくでしょう。

ADHDは発達障害ですか？

2013年5月に改訂されたDSM-5では、ADHDは行動障害群から神経発達障害群に移動しています。神経発達障害はほぼ従来の発達障害に重なる概念ですので、DSMは、近年の研究成果を踏まえて、ADHDの発達障害としての側面を認めました。ADHDとは、行動、言語、感情、思考、注意、時間管理の自己制御機能の発達障害と理解できるでしょう。

ADHDはDSMでもICDでも行動障害とされ、広汎性発達障害や学習障害とは異なった区分に位置づけられていました。ADHDの症状のひとつひとつはどんな子どもにもみられるありきたりの行動です。

しかし、しばらくその子どもと付き合ってみれば分かりますが、「何度言ったらわかるの！」「だから言ったでしょう！」と叫びたくなるほどイライラさせられます。まったく懲りないのです。

ADHDの子どもが失敗する原因は、どうすればよいかを理解していないためではなく、物事の結末を予測して、今の自分の

■図表Ⅱ-15「脳のしくみとADHDの関係」

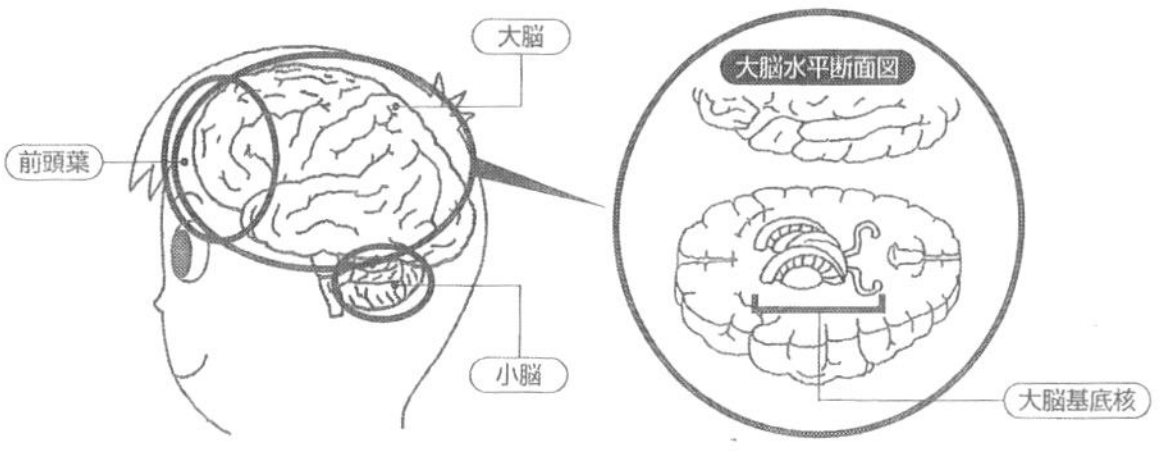

これらの脳部位はそれぞれ独立して機能しているのではなく、互いに関連して働きます。発達障害ではその機能上の関連性が悪いのではないかといわれています。それぞれの働きは、次の通りです。

大脳基底核

運動の調整を司る中枢があります。本来、末梢神経に筋肉の収縮あるいは弛緩という命令を出すのは大脳皮質の運動野という場所です。しかし、命令自体は正しく出されていても、その強弱やタイミングが状況に合っていなければ、適切な行動にはなりません。

小　脳

大脳基底核と同じ運動の調整と、記憶を司る中枢があります。鍵盤に手をのせたピアニストは、曲を思うだけで手指が動き、演奏できます。このように運動は繰り返すうちに、手順を考えることなく、そうしようと思うだけで始められるようになります。時間の感覚の問題と関連するといわれています。

前頭葉

もし注意障害がADHDの症状の一部であるなら、それらの中枢である前頭葉が、発達障害のひとつであるADHDの症状に関与しているに違いありません。事実、前頭葉が司っている実行機能障害、つまり計画性の欠如、選択の間違い、修正のききにくさなどは発達障害によく認められます。

行動、感情、思考、注意、時間管理を吟味する力が未発達なためです。「わかっているけれど止められない」「ついその場の勢いで」「今のことだけ感じて生きている」状態なのです。

たしかに、ADHDには病理と生理の両者が混在し、「病気」なのか「個性」なのかの議論が長く続けられてきました。ADHDは「つくられた障害である」「親の養育、教師の教育の失敗のつけを子どもが払わされているだけ」「それを専門家が儲け仕事にしている」とする極論すらあります。

ADHDはどのように診断されるのですか？

ADHDは、今ある症状の組み合わせで診断されます。これは、ほかの発達障害でもおなじです。ADHDの基本症状は「不注意」「多動」「衝動性」の3つがあります。

ただし、これらの症状が存在すると判断するためには、十分な修練と経験が必要で、専門家によっておこなわれます。専門家の診断は、しばしばだれでもできるチェックリスト（→49ページ図表Ⅱ-18）による採点結果とは異なります。チェックリストは、症状はどの程度なのか、重度なのか軽度なのかなどの判断には有用で、たとえば、薬物治療の効果判定などに用いられます。

ADHDは突然発症するわけではありません。ADHDの症状が7歳以前（DSM-5では12歳以前）にあるという成育歴があり、かつ複数場面でADHDの症状を確認できてはじめて診断されます。ただし、診断できる年齢は4歳以降です。主に学童期を想定して診断基準は作られていますので、成人期に近づくと診断がむずかしくなります。

ADHDとはどのような障害なのか、ということについての十分な理解がないと、症状が似ている、たとえば、小児欠神《けっしん》てんかん、難聴、甲状腺機能亢進症《こうしんしょう》、児童虐待、小児期のそう状態などをADHDと誤診してしまうことがあります。

DSM-5の診断基準を図表Ⅱ-16に示します。

乳幼児期にはどういう特徴があるのですか？

意外なことに、生まれてからずっと多動というADHDは少数派（10％程度）です。ADHDと診断された子どもの乳幼児期の状態をていねいに聞き取っても、多くの場合、わずかに話し言葉の発達が遅かった、発音に若干の不明瞭さがあったという情報（50％程度）が得られるのみです。

多少の多動があってもそれは2〜3歳の子どもにはよくあることで、話し言葉の問題もわずかなので、親はわが子のADHDの症状に気づきにくいのかもしれません。

1歳6カ月健診や3歳児健診ではADHDの診断はできません。なぜなら、これらの段階では元気で活発な子どもに過ぎないからです。その後、4歳になっても、5歳になっても、年齢相応の落ち着きが見られないのがADHDの特徴なのです。これがADHDは成熟の遅延による、と言われるゆえんです。乳幼児期に親を困らせる多動、親が気になる多動は、ADHDよりむしろ自閉症を疑う症状です。

乳幼児期の多動児をサポートする大人に知っておいてほしいのは、思わぬケガや事故に注意することです。本人に言い聞かせようとしても無意味です。注意するのは大人の役割なのです。→50ページ参照

ADHDの子どもはどのくらいいるのですか？

米国の有病率は3〜7％、日本のそれ

■図表Ⅱ-16　ADHDの診断基準（DSM-5）

A　(1) か (2) かどちらか

(1) 以下の不注意の症状のうち6つ（またはそれ以上）が少なくとも6カ月以上続いたことがあり、その程度は社会生活、学業あるいは職業に不適応的で、発達水準に相応しないもの（17歳以上の場合は5つ以上）

(a)学業、仕事、またはその他の活動において、しばしば綿密に注意することができない、または不注意な過ちをおかす。
(b)課題または遊びの活動で注意を持続することがしばしば困難である。
(c)直接話しかけられた時にしばしば聞いていないように見える。
(d)しばしば指示に従えず、学業、用事、または職場での義務をやり遂げることができない。
(e)課題や活動を順序立てることがしばしば困難である。
(f)（学業や宿題、青年や大人の場合はレポートや長い文章をまとめるような）精神的努力の持続を要する課題に従事することをしばしば避ける、嫌う、またはいやいや行う。
(g)（例えばおもちゃ、学校の宿題、鉛筆、本、道具、財布、鍵、書類、携帯電話など）課題や活動に必要なものをしばしばなくす。
(h)しばしば外からの刺激によって容易に注意をそらされる。
(i)しばしば毎日の活動を忘れてしまう。

(2) 以下の多動性ー衝動性の症状のうち6つ（またはそれ以上）が少なくとも6カ月以上持続したことがあり、その程度は社会生活、学業あるいは仕事に不適応的で、発達水準に相応しないもの（17歳以上の場合は5つ以上）

(a)しばしば手足をそわそわと動かし、またはいすの上でもじもじする。
(b)しばしば教室やオフィス、その他、座っていることを要求される状況で席を離れる。
(c)しばしば、不適応な状況で、余計に走り回ったり高い所へ上がったりする（青年または成人では落ち着かない感じの自覚のみに限られるかも知れない。）
(d)しばしば静かに遊んだり余暇活動につくことができない。
(e)しばしば“じっとしていない”またはまるで“エンジンで動かされるように”行動する。
(f)しばしばしゃべりすぎる。
(g)しばしば質問が終わる前にだし抜けに答えてしまう。
(h)しばしば順番を待つことが困難である。
(i)しばしば他人を妨害し、邪魔する（例えば、会話やゲームに干渉する、青年や大人の場合は他人のやっていることにかかわろうとする）。

B　多動性ー衝動性または不注意の症状のいくつかが12歳以前に存在している。

C　これら多動性ー衝動性、不注意による症状が2つ以上の状況にて見られている。

D　これらの症状が社会的、学業的、職業的機能において、障害を引き起こしたり、その質を低下させているという明白な証拠がある。

E　その症状は統合失調症、または他の精神病性障害の経過中にのみ起こるものではなく、他の精神疾患（例：気分障害、不安障害、解離性障害、パーソナリティ障害、物質障害やひきこもりなど）ではうまく説明されない。

は5%程度と推定されています。小児期の障害ではもっとも頻度の高い状態です。2002年に実施された文部省（現・文部科学省）の全国調査では、ADHD様の行動特徴があると、通常学級の担任がチェックリストを用いて判断した小中学生は2・5%と算出されています。各国で同様の調査がありますが、厳密には、「ADHDの疑いがある子ども」の頻度と考えてください。なお、2012年に再度同様の調査をしています。ADHDの疑いのある子どもの頻度は3・1%となりました。統計学的検討では、増加というより同様と解釈するのが妥当とされています。

障害や病気の頻度は、発生率（通常1年間に出生する人の中で何人発症するか）と有病率（ある地域の住人中で何人その状態の人がいるか）で表現されます。

前者は原因を推定したり、予防策を立てたりする際に重要です。後者は治療のためにどの程度の資源が必要か、その人のために福祉的な対応がどの程度必要かを決定するために使われる指標です。

ADHDの頻度の調査は、一定の年齢帯の子どもが対象の有病率として算出されていることがほとんどです。本来は適切なスクリーニング法（調査票など）を用い、その上で専門家が面接をして診断を確定するのが望ましいですが、多くの調査は調査票の段階で留まっています。

ADHDのある子どもへの対応のポイントは？

第1に、ADHDという特性がその子どもにあることに気づかなければなりません。よくある失敗もくり返します。ADHDの症状に対応しなければ種々の問題が発生します。まずは周囲の大人の手助けが必要な子どもと認識してください。

第2に、「うまくいく」ことがなにより大切です。「もう○歳なんだから」と年齢相応の扱いをして、失敗から気づきを促そうとしてもむずかしいでしょう。→図表Ⅱ-17失敗に慣れ、成功をあきらめるようになってしまい、ひいては自尊感情が低くなります。忘れる、おなじ誤りをくり返す、気配りができないなど、まわりの大人が気づいた点を必要なだけ補って、失敗を防ぎます。

第3に、トラブルには即介入し即解決を目指します。過去の失敗を教訓として今の行動を制御することが苦手ですので、じっくり考えさせても対処法は見つかりません。どうしたらトラブルを回避できるかをその場で具体的に教えます。→44ページ参照

第4に、ADHDの子どものよい点を見つけ、本人にも周囲の子どもたちにも認めてもらい、長所に理解を求めます。欠点あるいは不都合な部分を強調しても、それらを受け入れてもらうのはなかなか困難です。

「不注意」「多動性」「衝動性」の行動特性に対する支援

ADHDの子どもは、その基本症状である「不注意」「多動性」「衝動性」の面でさまざまな行動上の困難を抱えています。学校のような集団生活の中では、集団のルールから外れたり、行き違いから友だちとのトラブルが生じたりすることなどから、先生から叱られたり友だちから注意されたりする機会も多くなりがちです。

そのようなことがくり返されると、自尊心の低下や自己否定、学習に対する自信や意欲の低下などもしばしば見られるようになり、さらなる二次的な適応困難の状態を引き起こしてしまいます。

ADHDの子どもが場面や状況に合わない行動をとってしまうのは、故意に叱られることをしたり、がまんする努力が不足していたりするからではありません。気づか

■図Ⅱ-17　不適切な対応

ずに思わず行動してしまう、頭ではわかっていてもコントロールすることができない特性があるのです。

大人はそのことを理解し、状況をわかりやすくしたり、本人の前向きな姿勢を積極的に認めたりするなど、生活環境を調整していくようにします。学校における支援にあたっては、本人への指導と人間関係も含めたまわりの環境の調整の両面から考えていくことが大切です。

実際には、これらの不注意、多動性、衝動性の症状は併せ有している場合がほとんどで、相互に関連づけて支援を工夫することが望まれます。

不注意に関する支援

気が散りやすく、細かいところの見落としや不注意な誤りが多いという特徴があります。落ち着いて考えればできることでも、あわててとりくんでしまうために、うっかりミスをしてしまう経験が積み重なってしまいます。

注目すべきところを具体的にわかりやすく示す、こまめに声かけをするなどして注意を喚起する、必要に応じてことばだけでなく絵や写真、文字カードなどで示すなどの工夫も効果的です。まわりの刺激や与えられた情報が本人にとって多すぎるため、見落としてしまう場合もよくあります。刺激や情報の量を減らす、できるだけ具体的にわかりやすく示すなど本人がとりくみやすいように調整します。

注意・集中の持続がむずかしく、また計画的にとりくむことが苦手なため、最後まで課題をやり終えることができないことが多いのも特徴です。達成感、成就感を得ることが少ないわけですから、次第に学習意欲も失っていきます。

まずは小さな成功体験を積み重ねることが大切です。一度にたくさんのことを求めずに、課題を小分けにしたり段階を区切ったりして、小さな区切りでひとつずつ確実にとりくむことができるようにします。課題の途中でも、できているところをほめるようにします。

忘れものやなくし物が多いことも特徴です。決められたルールや友だちとの約束を忘れてしまうことは、対人トラブルの原因にもなります。また、学習の準備や宿題などの忘れものを何度もくり返す子どもに対して、周囲の見方は次第に厳しくなります。

注意や叱責だけをくり返しても急には改

善していきません。そのような特徴がある子どもであることを理解し、たとえば、提示のしかたや連絡帳の書き方を工夫する、メモの取り方を教える、しばしば声をかけるなどをして、忘れなかったという経験を少しずつ増やしていくようにします。

多動性、衝動性への支援

多動性、衝動性に関する行動は、問題行動として注目されやすい特徴です。まわりの状況に気づかずに自分では正しいと思ってしたことや、気持ちや行動をコントロールしきれずに無意識にとった行動が、結果として問題になってしまいます。

自分勝手なふるまいと受けとられたり、邪魔をしたと思われることから、友だちとのトラブルが多くなり、人間関係もうまく保てなくなります。指示に従わなかったり、ルールや約束が守れなかったりすると、集団行動では不都合な状況が生まれますから、まわりからの信頼も失ってしまいがちです。

注意や叱ることで子どもに修正をうながす方法は、本人が適切な行動を理解できている場合のかかわり方です。適切な行動がわかっていない場合には、その場に合った行動を教える必要があります。本人が不安定になっている場合は、まず気持ちを落ち着かせることが優先です。

危険な行動については、大きな声でストップをかけることも必要な場合がありますが、行動が止まったら大きな声は必要ありません。落ち着いたところで適切な行動の取り方について本人と確認し合います。

どうすればよかったのか、

注意や叱ることで問題行動を意識させ改善を図るのではなく、その場で取るとよい適切な行動に注目させ、実行しながら身につけさせていくという方法が効果的です。

たとえば、学級集団としてのルールを明確化して、教室内で守るべき一貫したルール体系をつくり、わかりやすいルール表などにして掲示します。ルールを守ったり、課題を達成したりしたときは花丸、シールや表彰状など個人を評価するツールも積極的に活用します。

学校では、多くの場面で全員が一緒に活動することを期待されますが、教師の言葉かけやかかわり方は、子ども同士の言葉かけやかかわり方のモデルにもなります。教師のきびしい対応が子ども同士の関係に反映し、学級全体がピリピリしている例もみられます。

とくにＡＤＨＤのような発達障害のある子どもは、個人の抱える問題による適応の困難さだけでなく、生活環境やまわりの教師や友だちとの対人関係なども適応状態に大きく影響されている場合があります。とりわけ、ＡＤＨＤのような発達障害のある子どもがいるクラスでは、子ども同士に仲間意識があり、ルールが守られ、お互いを認め合い、個々の子どもたちが達成感を実感できる学級づくりがとても大切です。

ＡＤＨＤの特性に関する基本的な知識は、教職員だけでなく、クラスの子どもたちやその保護者にも理解してもらう必要があります。その際は、障害についての一般的な理解をうながすのではなく、その子どもの障害によって派生する固有の困難や行動の特徴と、その対応のしかたについての理解を図るようにしていくことが重要です。

日常生活で支援するポイント

保護者から、乳幼児期にはよく泣き、なだめることがとてもむずかしかった、食事や睡眠など規則正しい生活のリズムがなかなか整わなかったという話を聞くことがあります。また、興味のあることは集中してやるが、興味のないことは何度言ってもやろうとしないという話もよく聞きます。

ＡＤＨＤの特性は、幼児期後半の4～5歳から学童期にかけて、周囲への興味関心の高まりや活動範囲が広がると共に、学校や家庭において顕著に見られるようになります。保護者にとっても、家庭での対応がむずかしい場面が多くなります。

決められた枠組みや集団のルールに従って生活しなければならない学校にくらべて、家庭はある程度自分のペースで生活することが可能です。本人にとって安心できる人間関係と居場所が家庭で確保されていることがとても重要です。

保護者にとっても子どもを一日中叱っているのは大変なストレスです。できた、できないで一喜一憂するのではなく、できることが増えていくことを親子で楽しみたいものです。がんばり表（シールや花丸を貼りつける）なども積極的に活用し、がんばった足跡を残していくこともよいと思います。

がんばり表
きのうより
シールが2つも
多いよ!

46・47ページを見てください。よくあるエピソードと家庭でできる支援・工夫を紹介しました。

子どもを支援するかかわりでは、子どもにわかるようにほめる、叱ることがとても重要です。ほめる行為は、期待通りあるいは期待以上のことを子どもがしたことに対する素直な喜びの表現であると共に、また、期待に応えて欲しいという願いも込められています。何をほめられたのかを子どもがわかるように、「○○○してえらかったね。とてもうれしいよ」など、具体的な行為を挙げてほめることが肝心です。

叱るのは、して欲しくないことを制止するときです。子どもがどうすればよいのかわからないときは、叱ってもその行動を修正できません。子どもにどうすればよいか、具体的な行動のとり方を教える必要があります。気になる行動はすぐにでも修正したくなりますが、すべての行動にはその子どもなりの意味があります。他の子どもとくらべて焦るのではなく、以前の本人とくらべて小さなよい変化を認めていくかかわり方が大切です。

■よくあるエピソードと、家庭や学校でできるサポート

話を最後まで聞いていない、言われたことをすぐに忘れてしまう

聞いているようで聞けていないことも考えられます。大事な話をするときは注目させてから話すようにします。一度にたくさんのことを話さずに、「3つ話します」とはじめに見通しを持たせる話し方も有効です。メモをとらせる、復唱させることもよいでしょう。

言葉の指示は1回ごとに消えてしまい、くり返すたびに語気は次第に強くなってしまいます。日課などは紙に書いて貼っておくようにします。

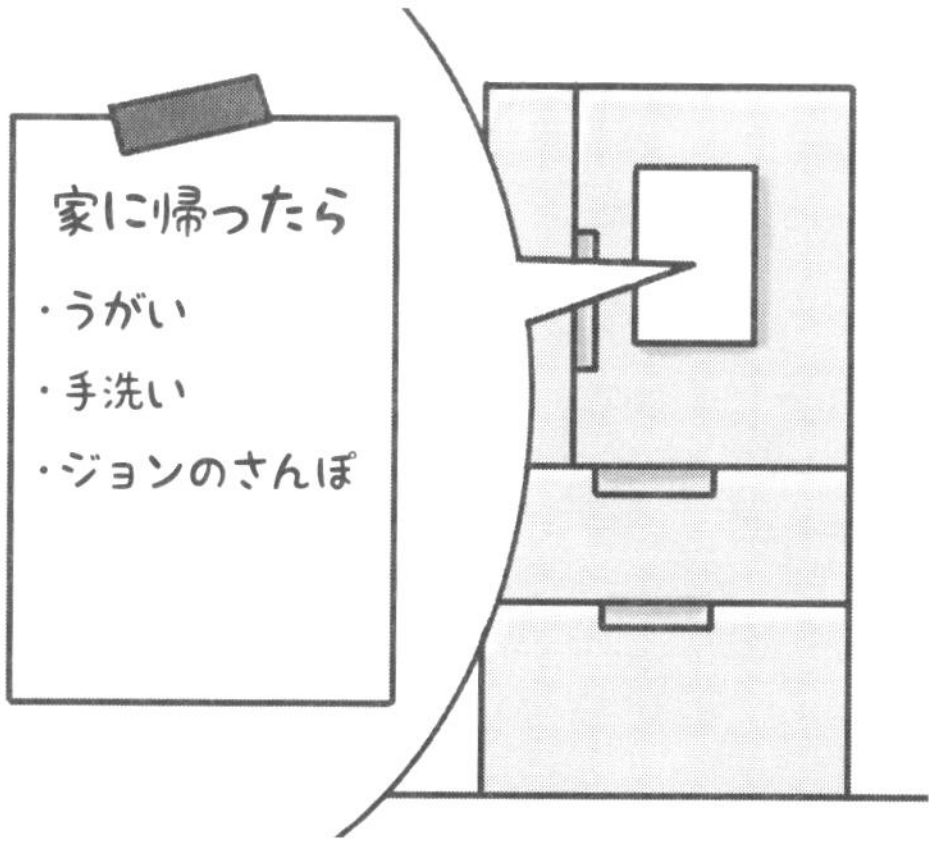

かっとなりやすい、感情のコントロールがむずかしい

興奮して衝動的な行動をとるのは、本人にとって何か不安や不満、困惑など気分を害することがあったからです。その感情をうまくコントロールできないことが特徴の1つです。興奮しているときは他人の言葉は耳に入りません。

まずは気持ちを受け止め、落ち着かせることが先決です。危険な行為はすぐに止めさせる必要がありますが、制止したら本人の気持ちをじっくりと聞き、イライラしてきたらどうすればよいかを一緒に考えるようにします。絵や文字で一連の流れを考えるのもよいと思います。

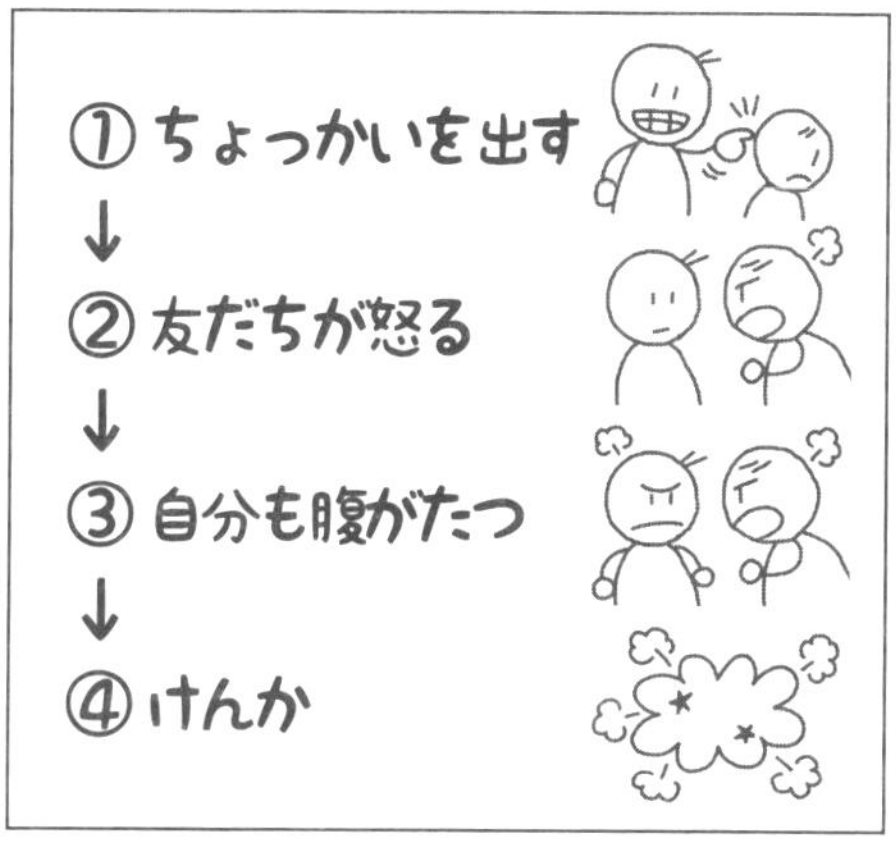

静かにしていなければいけない時に静かにできない

多動性、衝動性のある子どもがもっとも大変なことは、何もすることがないときの過ごし方です。何もすることがなく、静かにしていることを求めるのは、ただがまんを強いているのと同じことになります。

たとえば病院の待合室などでは、本を読む、絵を描く、ゲームをする、小さな声でおしゃべりをするなどの方法を家であらかじめ伝えておき、必要なものは持参するようにします。

学習に使う持ち物、提出物などの準備ができない

提出物のプリントを学校に忘れてくる、連絡帳を書き忘れて翌日の学習の準備がわからないということがよくあります。プリント入れのケースに大好きなキャラクターのシールなどを貼り注目させます。

連絡帳の書き方は、ごちゃごちゃしないように時間割と持ち物は別のページに書くようにします。帰宅したらすぐにプリント入れと連絡帳を確認し、持ち帰れたことと書けていることをほめます。わからない時に電話などでたずねることができる友だちをつくっておくこともよいでしょう。

2くみ
おしらせ

他のことに気をとられ、朝の支度に時間がかかる

1日のスケジュール表を作成することは重要ですが、スケジュール通りに活動するには内容が多すぎます。朝なら朝、帰宅後なら帰宅後にすることを最大でも5つ以下にしぼります。スケジュール表には時刻や時計を目立つように記します。はじめからすべてスケジュール通りに活動できれば、スケジュール表はいりません。できないことよりもできたことを1つでも認めて、増やす工夫をしていきます。

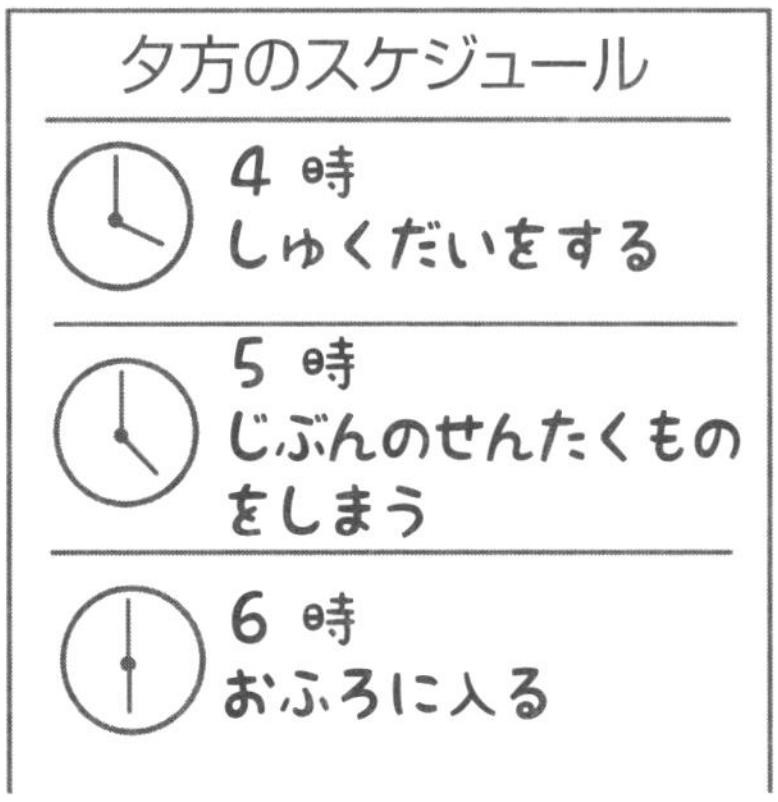
夕方のスケジュール
4 時
しゅくだいをする
5 時
じぶんのせんたくもの
をしまう
6 時
おふろに入る

宿題をするのにとても時間がかかる

得意な宿題はすぐにとりくめるので、まず声をかけてみましょう。なかなかとりくもうとしないのは苦手な宿題かもしれません。最後まで一気に仕上げようとせず、集中できる問題数や時間を小さく区切りとりくませます。

休憩をはさみながらでもよいと思います。ひとりでとりくみはじめても、できないと意欲は低下します。年齢や学年にかかわらず、大人が一緒にとりくみ、「わかる」「できる」経験を積むことがつぎにつながります。

問題1から問題3
までを、4時30分
までにやってみよう

学校教育の中でADHDはどのように定義されていますか？

文部科学省では次のように定義しています。

> ADHDとは、年齢あるいは発達に不釣り合いな注意力、及び／または衝動性、多動性を特徴とする行動の障害で、社会的な活動や学業に支障をきたすものをいう。また、症状は7歳以前に現れ、その状態が継続し、中枢神経系に何らかの要因による機能不全があると推定される。

図表Ⅱ-18を見てください。つまり、「不注意」「衝動性」「多動性」が本人の年齢から考えて、明らかに発達段階に見合わない目立った行動特徴があり、そのことが原因で日常生活に支障が見られる場合に該当します。さらに、それらの症状は就学前の早い時期から現れ、一時的なものではなく6カ月以上の長い期間にわたり継続している場合をいいます。

また、原因はまだはっきりわかっていませんが、中枢神経系に何らかの機能不全があると推定されています。他の障害によるものや、環境などによる心理・社会的要因が「注意力」「衝動性」「多動性」の問題を起こしている場合には該当しません。

LDのように医学的定義と学校教育の中での定義が一致していないものもありますが、ADHDについては、医学的定義が教育的定義に用いられているといえます。

クラスの子どもにADHDの疑いがある場合はどうしたらよいでしょう？

子どもへの支援を考える上で、ADHDの3つの特徴である「注意力」「衝動性」「多動性」についてどのような問題があるのかを関係する教職員が把握しておくことは重要ですが、ADHDかどうかの判断は、医療と連携した専門家や専門機関によっておこなわれることが原則です。

「注意力」や「多動性」「衝動性」に問題があったとしても、LDや自閉症などの他の障害の二次的障害の症状の一部であるかもしれません。注意力や多動性、衝動性の面で支援が必要であるとしても、LDや自閉症ではほかの面の支援も必要になりますから、教師や学校による軽々な判断は避けなければなりません。

適切ではない周囲のかかわりや不適当な生活環境などによる心理・社会的な要因が、子どもの行動面の問題をより拡大してしまう可能性があることにも留意が必要です。

ADHDの子どもに対してとくに注意することはなんですか？

ADHDは事故発生のハイリスク要因となる可能性があります。ADHDの主要兆候である、多動、衝動性、不注意がもたらす結果を考えれば、その影響の大きさは容易に想像できます。

よく起こる事故は3つ。→図表Ⅱ-19

第1に、交通事故です。車道に飛び出る、自転車で暴走する、車に不用意に触る、駐車場で走り出すなど。

第2に、水の事故です。溺水の危険があるのは、川辺の遊び、海での海水浴、ボート遊びなど。転倒によるケガとして、プールサイドでのおふざけなど。

第3に、火の事故です。広範囲なやけどは後遺症を残します。沸いているお湯、ストーブ、火いたずら、火あそびなど。

対策は共通です。事前に子どもに注意しても役に立たないと認識することです。注意をするのはまわりにいる大人の役目です。子どもの行動を推測して、目を離さない、いつでもそれを防げる位置取りをする

■図表Ⅱ-18　ADHDの子どもに見られる行動特性

年齢あるいは発達にふつりあいな **不注意**	●学校での勉強で細かいところまで注意を払わなかったり、不注意な間違いをしたりする。 ●課題や遊びの活動で注意を集中し続けることがむずかしい。 ●面と向かって話しかけられているのに、聞いていないように見える。 ●指示に従えず、また、仕事を最後までやり遂げることができない。 ●学習などの課題や活動を順序立てておこなうことがむずかしい。 ●気持ちを集中させて努力し続けなければならない課題を避ける。 ●学習などの課題や活動に必要な物をなくしてしまう。 ●気が散りやすい。 ●日々の活動で忘れっぽい。	
年齢あるいは発達にふつりあいな **多動性**	●手足をそわそわ動かしたり、着席していてもじもじしたりする。 ●授業中や座っているべきときに、席を離れてしまう。 ●きちんとしていなければならないときに、過度に走り回ったりよじ登ったりする。 ●遊びや余暇活動におとなしく参加することがむずかしい。 ●じっとしていない。または何かに駆り立てられるように活動する。 ●過度にしゃべる。	
年齢あるいは発達にふつりあいな **衝動性**	●質問が終わらないうちに出し抜けに答えてしまう。 ●順番を待つのがむずかしい。 ●他の人がしていることをさえぎったり、じゃましたりする。	

■図表Ⅱ-19　ADHDの子によく起こる事故

①交通事故 車道に飛び出る、自転車で暴走する、車に不用意に触る、駐車場で走り出すなど。	
②水の事故 水におぼれる危険……川辺の遊び、海水浴、ボート遊びなど。 転倒による怪我……プールサイドでのふざけなど。	
③火の事故 広範囲なやけどは運動障害などの後遺症を残します。 沸いているお湯には近づけない。 火のいたずらは小火のもとなど。	

など、発生予防が最大の対策です。

仮に事故を起こしてしまったら、その後にいくら叱っても、また本人が反省しても、おなじ状況になったら、おなじ誤りをくり返す可能性が高いのです。それがADHDの特性です。

大人もADHDになるのですか？

米国の有病率は4％程度と推定されています。ADHDは大人になってから急に発症するものではありません。成人期にADHDと診断するためには、子ども時代の症状を正確に把握できるか否かが鍵になります。

なお、DSM-5でのADHDの診断基準の変更は大人のADHDの診断を意識したものです。今後、大人のADHD診断が増加していくことが予測されます。

子どものADHDは4対1あるいは9対1と圧倒的に男性優位ですが、不思議なことに、大人のADHDは男女比が1対1です。男性が治りやすいのか、女性が後で気づくのかは謎のままです。

ADHDの3つの主要症状の内、多動症状は8歳前後で収束に向かい、他の症状も成人に近づくにつれて改善していきますが、無症状となる人は3分の1程度とされています。子ども時代に診断された人の3分の1はADHDのまま成人期を迎え、さまざまな生きにくさを抱えながら生きていくことになります。

残りのもっとも困るADHDは、その症状自体というより、合併障害のための困難さがある人びとです。失敗体験から自尊感情が低下し、うつ状態や神経症が発症する場合があります。一方、アルコールやギャンブル依存、無理な借金を重ねる人もいます。このような「困った大人」にならないような早期からの治療的介入が求められます。

ADHDの人が社会生活をおくるために気をつけることはなんですか?

ADHD自体は、この社会では生きにくい特性です。しかし、不注意、多動、衝動性という症状が年齢とともに改善することはあっても、悪化することはありません。特性の一部が多少残ったとしても、まわりの理解や支援により、一般的な社会生活を営んでいくことができます。

問題は、特性に付随する精神障害が起こることです。

ひとつは、反抗挑戦性障害（Oppositional Defiant Disorder：ODD）の特性が合併している場合です。このタイプのADHDはさらに行為障害（Conduct Disorder：CD）への進展に注意すべきです。行為障害とは犯罪行為、触法行為あるいは反社会的行為を意味します。進展すると、他人の権利を平気で侵害する反社会性人格障害と言わざるを得ない大人になっていきます（外在化障害）。

また、反抗挑戦性障害の特性から神経症やうつ状態を合併する場合もあります。他人の評価に異常に過敏となり、他者との接触を避けようとする回避性人格障害へと向かいます（内在化障害）。→図表Ⅱ-20

誤解を恐れず言えば、ADHDのみでしたら、単なる児童期の特性といってもよいのかもしれません。しかし、学童期のADHDで反抗挑戦性障害の特性を感じたら要注意です。

■図表Ⅱ-20　ADHDの外在化障害と内在化障害

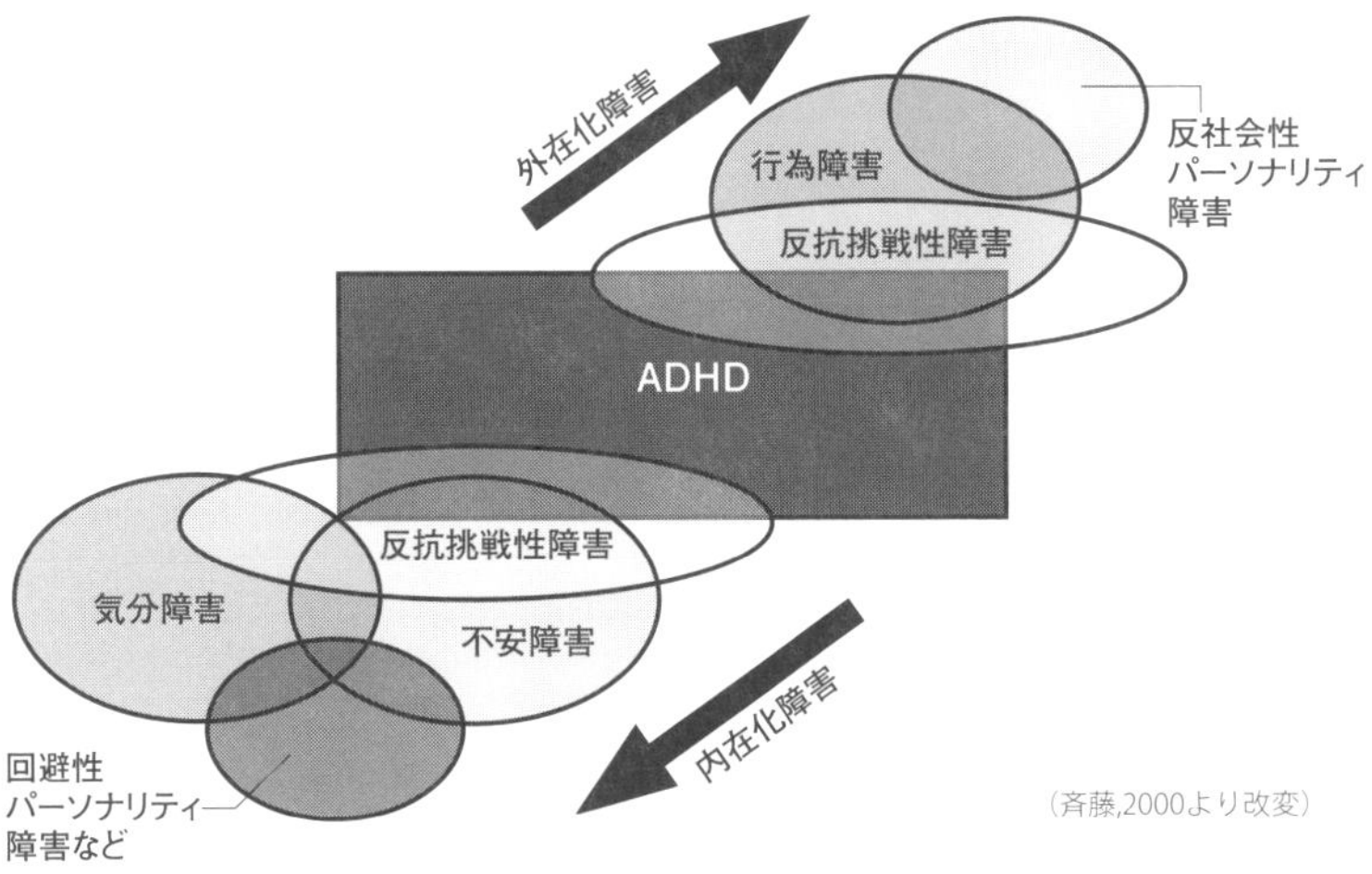

反抗挑戦性障害（ODD）とはなんですか?

8歳前後にそのきざしがあらわれるので注意が必要です。大人の権威への反抗、指示に従わない、頑固、かんしゃく、意地悪で執念深い、容易に敵意を持つ、カッとなりやすい、自己正当化などを特徴とします。

ADHDに合併する場合が多いのですが、他に知的障害、LD、発達性言語障害などに関連しても認められます。

家庭環境の問題が明らかなこともあり、本人由来なのか、家族との軋轢《あつれき》の結果（いわゆる二次障害）なのかの判断がむずかしいことも多くあります。小中学校で生徒指導の対象とされてきた児童生徒の中に、ODD的特性、すなわち発達障害として理解すべき状態がないか、再検討が必要です。

なお、なぜADHDに反抗挑戦性障害が合併しやすいのかについて定説はありません。二次障害の要素を強調する立場と素因を強調する立場があります。米国を中心とする反抗挑戦性障害の追跡研究からすると、これといった有効な対処法がないのが現状です。残念ながら、薬物治療の効果もはかばかしくありません。今後の課題といえましょう。

「外在化障害」や「内在化障害」には、どういうものがあるのですか？

図表Ⅱ-20のように、「気分障害」や「不安障害」「パーソナリティ障害」などがあります。

気分障害とは、うつ病、そう病、あるいはそううつ病などの気分の変調を主要症状とする精神障害の一種です。抑うつ気分、意欲や気力の減退、精神活動の変化、自殺念慮などがうつ症状の特徴です。一方で、異常に高揚した気分、自尊心の肥大、活動の亢進などがそう症状として認められます。厄介なことに、小児期のそう症状とADHDの「不注意」「多動性」「衝動性」はきわめて似ていて、症状だけでは区別できません。

不安障害とは、突発的に強い不安や恐怖がおこるパニック発作、特定の場所や状況に強い恐怖心を覚える恐怖症、いわゆる強迫神経症、外傷後ストレス障害などを含む神経症圏の精神障害を意味します。

パーソナリティ障害とは、その人の考え方や行動が一般の人びととのそれらから極端に偏っていて、かつそれが長期に認められ、本人の主観的苦痛や社会生活上の不都合を示している状態です。統合失調症などの他の精神疾患では説明できない、他の身体疾患でも説明できない場合に診断されます。

反抗挑戦性障害の合併があると気づいた際の留意点はなんですか？

1つはお金の管理です。お金を欲しがる、家族の財布から抜く、同級生の持ち物を盗む、万引きするなどの行動が考えられます。

家族の財布からお金をとることを制限すると、他人のお金に手を出すのではないかと考えるのは、まったくの誤解で逆効果です。対策は事前に保護者が財布の管理を徹底する、万一とられたら二度とさせない、お金さえあればなんでもできるという誤学習

をさせないことです。

2つめは生き物虐待です。虫をばらばらにする、ペットを傷つけて楽しむなどの言動が見られたら、命の大切さを説き、真剣にそして徹底的に、二度とさせない、許さない覚悟を示すなどの対応をします。

ADHDの薬物治療とはどんなものですか?

現在、ＡＤＨＤにもっとも有効な治療法のひとつが薬物治療です。日本で使用可能な薬剤は、中枢神経刺激薬のコンサータ®（一般名メチルフェニデート）と構造的に抗うつ薬と似たストラテラ®（一般名アトモキセチン）の2種類です。いずれも6歳以降の学童が対象です。どちらの薬剤を先に処方するかは主治医の判断によります。

かつて短時間（4〜5時間）有効のリタリン®が使われていましたが、現在は処方できません。内容はおなじメチルフェニデートのコンサータ®は、特殊に加工された薬剤で、11〜12時間効果が持続します。有効か否かは即わかり、服薬しなければ効果はなくなります。よくある副作用として、食欲低下（昼食が食べられないなど）と入眠時間の遅れ（睡眠の質の影響はない）が挙げられます。

ストラテラ®は、徐々に効果があらわれるタイプの薬剤ですが、有効域に達するなら、有効率と効果の範囲はコンサータ®と変わりないと言われます。24時間効果が持続します。

副作用として、開始あるいは増量後、頭痛、吐き気、眠気などがありますが、数日で消失する場合が多いです。

いずれもＡＤＨＤを完治させるための薬剤ではありません。子どもたちが、ＡＤＨＤの症状ゆえに本人の能力が発揮できずに不本意な結果しか得られない状況を打破し、本来の力を引き出すのが治療薬の役割です。しかし、いくら著効しても努力を怠るならば結果がついてくることはありません。治療薬が学習空白を埋めることも、理解できないことをわからせてくれる「魔法の薬」でもないことを強調しておきます。

DMN（デフォルト・モード・ネットワーク）理論とはなんですか?

２００１年、Ｍ・Ｅ・レイクルという研究者が、特段の目的がない安静時に、活発に活動している複数の脳部位があることを報告しました。それまでの常識としては、目的がある場合に脳全体は活発に活動し、目的がなければ活動量は低下すると考えられてきました。その方が無駄にエネルギーを消耗しないので合理的と思われたのです。

ＤＭＮ（Default mode Network）にはいくつかの脳部位が機能的に関連しています。前頭葉内側、帯状回後部、頭頂葉後部、中側頭回など、どちらかといえば、大脳皮質の内側に位置する部位です。

その後の研究によって、目的的に脳が活動している際にはＤＭＮの活動は低下し、安静時に賦活されるとされ、脳はシーソーのように活動のバランスを取っていると考えられるようになりました。これらのバランスが崩れているのが、アルツハイマー型認知症、統合失調症、自閉症などです。

ＡＤＨＤの不注意症状に関連した研究もあり、ＤＭＮの過剰活動で説明可能という仮説も提案されています。確かに、本来は集中しなければならないのに雑念が湧いて出てきて、タイムリーな思考や感情表出を妨げ、結果として不注意症状となるのかもしれません。

今後、薬物治療の効果判定にＤＭＮの評価が使われると予想します。逆に、意義ある結果が出るなら、ＤＭＮは仮説から事実へ格上げされるでしょう。

第3章 自閉症スペクトラム障害と広汎性発達障害

自閉症スペクトラム障害と広汎性発達障害はどう違うのですか？

多くの専門書で、自閉症スペクトラム障害（Autism Spectrum Disorders：ASD）と広汎性発達障害（Pervasive Developmental Disorders：PDD）はほぼおなじ障害と説明されますが、以下の2つの点で異なります。

図表Ⅱ-21を見てください。まず第1は、広汎性発達障害はカテゴリカルな概念で、自閉症スペクトラム障害は症状を連続体とみなす、ノン・カテゴリカルな概念です。ちなみにスペクトラムという言葉は多様な

■図表Ⅱ-21　広汎性発達障害と自閉症スペクトラム障害の違い

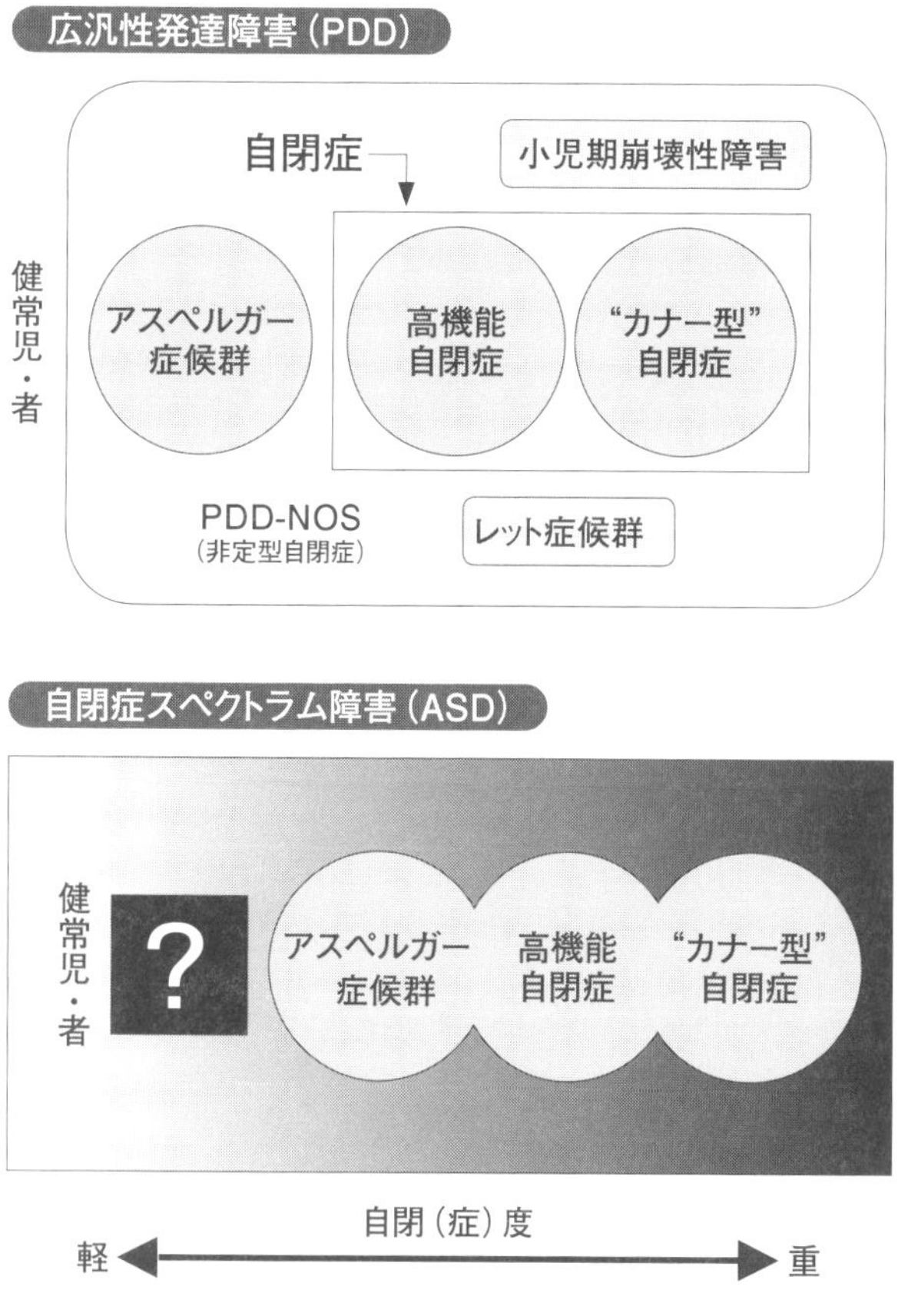

ものが織りなす連続体というほどの意味です。たとえば、アスペルガー症候群と自閉症の診断は独立に存在し、診断はいずれかであり、両者は併存しない、とするのが広汎性発達障害の概念で、その移行や共通性を強調するのが自閉症スペクトラム障害の概念です。

また、この移行には年齢とともに変化することも含みます。たとえば、ウィングが最初にアスペルガー症候群を自閉症類似の発達障害として報告した論文では、5歳に自閉症と診断されていた児童が13歳にはアスペルガー症候群と再診断されたと記載されています。つまり、自閉症がアスペルガー症候群に移行することも含みます。

第2の違いは、自閉症スペクトラム障害は、自閉症、非定型自閉症（PDD-NOS）およびアスペルガー症候群から成り立ちますが、広汎性発達障害には、この3つの障害に加えて、女子だけに発症する重篤な精神神経疾患であるレット症候群（↓59ページ参照）と小児期崩壊性障害（発症が自閉症より遅い自閉症類似の障害、↓59ページ参照）の2つの障害が含まれ、5つの障害の集合体です。

なお、DMS-5（2013）ではPDDは廃止され、ASD（自閉スペクトラム症）が採用されました。

乳児期の自閉症の特徴はなんでしょうか？

おそらく自閉症は胎児期に発症するのでしょうが、出生後から生後6カ月前後までは、まったく症状のない時期（無症状期）があるようです。自閉症の診断はもっとも早くて1歳半前後です。

自閉症と診断を受けた人の乳児期の特徴（早期兆候）の調査研究は数多くあり、乳児期のホームビデオを収集して解析した研究もあります。たとえば、表情が乏しい、笑わない、抱きにくい、音への反応が鈍い、両腕を羽ばたくなどの早期兆候がたくさんある乳児がいます。ただし、自閉症が疑われる早期兆候があっても、それで即診断というわけにはいきません。

健常な乳児の行動にも早期兆候が混在しており、自閉症では月齢を重ねてもそれらが消失しないことが問題なのです。たとえば、生後7カ月の乳児が両手を羽ばたかせて喜べば、ほほえましい「行動」とみなされますが、3歳児が両手を羽ばたかせて走り回れば、非定型発達を示唆する「症状」になります。これが正式な診断は3歳以降になる理由です。それまでは疑い段階にあります。

早期兆候の研究は、自閉症という診断を受け入れた保護者（多くは母親）が後になってからの回想（回顧的な気づき）に基づいており、今赤ちゃんを育てている親の訴えではないことに注意が必要です。乳児期に

気づく兆候と回顧的なそれとはかなり異なるのです。

自閉症の診断とは？

自閉症の原因はいまだ不明で、原因に基づく診断はできません。3歳前に発症し、自閉症によく見られる症状が一定数以上あるなら、自閉症である可能性はかぎりなく高い、という考え方で診断します。たとえばDSM-Ⅳ-TRでは、定められた3領域の合計12項目の有無を、経験のある臨床医が判断する、という方法で実施されます。

社会性の質的障害の症状は2項目以上、意思交換の質的障害の症状は1項目以上、行動と興味の狭さ・反復性・常同性（想像力の障害または行動の柔軟性の欠如）の症状は1項目以上あり、かつ全体として12項目中6項目以上認めることが自閉症診断の条件になります。

問題は、特定不能の（あるいは「その他の」）広汎性発達障害に特化した診断基準がないことです。自閉症様の発達障害という点では合意できても、どの程度自閉症に似ているのかの判断に、診断医それぞれの解釈が入る余地があります。つまり、自閉症ではないという上限の基準はあっても、どこまでが自閉症といえるのかの下限が定まっていないのです。これは、診断学上の欠陥とも言えます。

本来は診断の精度と一致度を上げるために、一定の研修が必要となるのですが、残念ながら、発達障害の診断医の需要が供給に追いつかず、「小児科医なら、児童精神科医なら診断できる」と思われています。診断医の養成と質の担保が今後の課題となっています。

DSM-5の自閉症スペクトラム障害の診断とは？

操作的診断であるという原則は変わりません。診断の基準が変わりました。社会性の質的障害と意思交換の質的障害は不可分という実態に合わせて、対人コミュニケーションの障害と2つの基本症状を1つに統合しました。行動と興味の狭さ・反復性・常同性（想像力の障害または行動の柔軟性の欠如）の症状は同様ですが、ここに感覚異常（過敏と鈍麻）の項目が加わりました。→図表Ⅱ-22

さらに、5つの特定用語（併存状態）と重症度（3段階）を併記する方式になりました。この特定用語とは、❶知的障害、❷言語障害、❸医学的、遺伝的、あるいはその他の疾患、❹その他の神経発達障害（たとえばADHD）、❺カタトニア（無動状態─重度遅滞をともなう自閉症に認められる）です。これらの有無を記載します。

重症度は、他の発達障害と同様に、基本症状ごとに、レベル1から3の3段階評価をすることになりました。なお、DSM-Ⅳまで実施されていた、多軸評定は廃止されています。

自閉症の子どもはどのくらいいますか？

1960年代に英国でおこなわれたV・ロッターらによる有病率の調査では0・04％と報告され、長くこの数値が自閉症の頻度とみなされてきました。1990年代半ばから0・1％前後とする研究が散見されるようになります。

現状で欧米の研究をまとめると0・2％、広汎性発達障害の範囲まで広げると0・6％になります。一方、名古屋地区の調査では、自閉症は0・6％、広汎性発達障害は2・0％と報告されました。→図表Ⅱ-23

欧米の報告とおよそ3倍の有病率の差が

■図表Ⅱ-22　DSM-5の自閉症スペクトラム障害診断基準（要旨）

A　対人的コミュニケーションおよび対人的相互交流の障害（3項目すべて）

1. 対人―情緒的な相互性の障害；対人的アプローチが異常である、興味、情緒、感情、反応を他者と共有することの減少、正常な会話ができない、対人的相互交流を開始できない
2. 対人的相互交流のために用いられる非言語的コミュニケーション行動の障害；アイ・コンタクトやボディ・ランゲージの異常、あるいは非言語的コミュニケーションの理解や使用の障害、言語的および非言語的コミュニケーションから、表情や身振りの完全な欠如にまで及ぶ
3. 仲間関係の発展、維持、理解の障害；ごっこ遊びの共有や友人を作ることが難しい、社会的状況で適切にふるまうために行動を調整できない、人への関心の明らかな欠如

B　限局された反復する行動や興味（2項目以上）

1. 常同的・反復的な言語、運動あるいは物の使用（例えば、単純な常同運動、エコラリア、おもちゃを並べる、あるいはその人独自の言いまわし）
2. 同じことへの固執、習慣や儀式的パターンへの過度のこだわり（例えば儀式的動作、同じ道順や食べ物への要求、反復的な質問、ささいな変化に対する極度の苦痛）
3. 著しく限局的で固着した興味（例えば、普通ではない物への強い執着や没頭、極めて限局的あるいは固執的な興味）
4. 感覚刺激への過敏あるいは鈍麻、環境の感覚的側面に対する異常なほどの興味；（例えば痛み/熱さ/冷たさに対する明らかな無反応、特定の音や感触に対する拒絶反応、過度に物のにおいを嗅いだり、触ったりすること、光や回転する物体に対する没我的興味）

C　症状は児童期早期に存在しなければならない（しかし周囲からの社会的要求が能力の限界を超えるまでは完全に明らかとはならないかもしれない）

D　症状によって社会的、職業的または他の重要な領域における機能が障害される。

E　知的障害や全般的な発達の遅れでは説明できない。

＊症状重症度
　レベル１；支援を要する
　レベル２；相当な支援を要する
　レベル３；非常に多くの支援を要する
　A項目とB項目の各々に症状重症度を記載する
＊ADHDとの併存は可能

ありますが、この違いは２つの理由があると考えられます。

１つは、診断の時期です。欧米の調査では、確定診断は５～６歳を基準におこなわれていますが、日本では３～４歳とかなり早いのです。それが日本独自の悉皆検査、つまり乳幼児健診の存在です。このシステムに基づいて診断がおこなわれています。

２つめは、比較研究がないので推測ですが、おそらく日本の診断医の症状の取り方がかなり広いためと思われます。

有病率０・２％が正しいのか、それとも０・６％が妥当なのかは今後の調査と検討に譲りますが、欧米と日本で大きな違いがあることは確かです。

■図表Ⅱ-23　自閉症の有病率

〈名古屋市西部地区〉

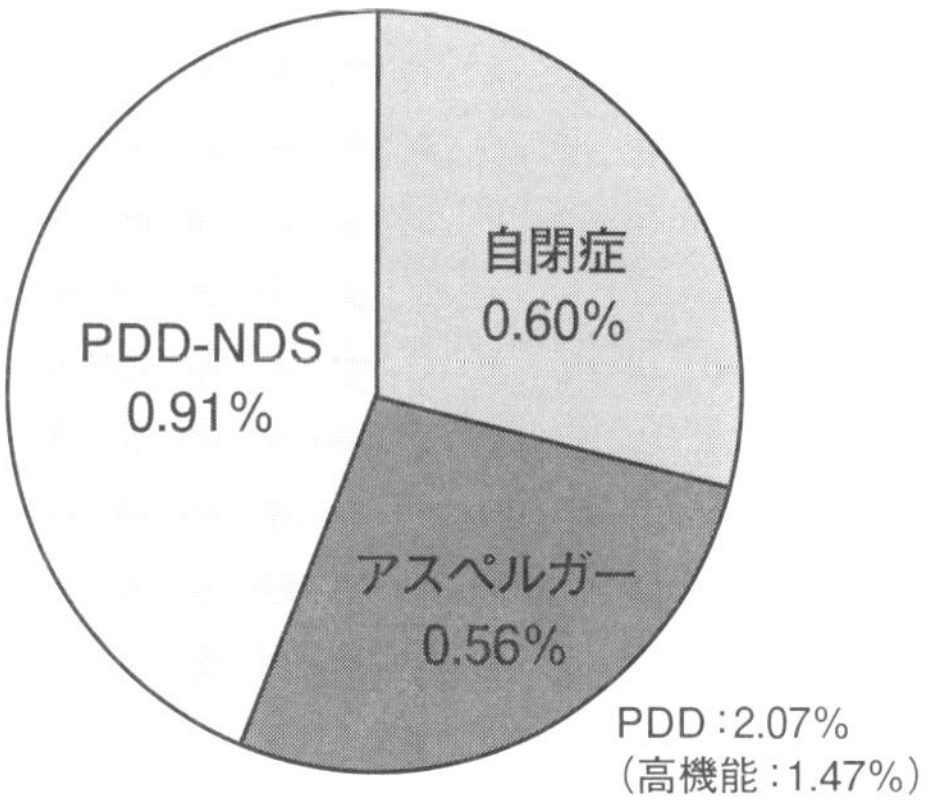

自閉症と他の発達障害との関係は？

自閉症は発達障害の中核群であることは間違いありません。しかし、自閉症だけが「発達障害」と思いこむのは誤解です。発達障害にはさまざまな状態像が存在します。

→第４章参照

１９４３年、レオ・カナーが最初に報告した11例の自閉症の子どもたちは、幼児期の精神分裂病（統合失調症）と理解されました。きわめてまれな状態でしたので、現在のような「併存」はありえませんでした。

その後、診断基準が整備される中で、自閉症類似の発達障害の存在が注目されるようになりました。自閉症はその範囲を拡大して、広汎性発達障害という障害の集合体とみなされるようになったのです。広汎性発達障害の中には、自閉症、アスペルガー症候群、レット症候群、小児期崩壊性障害、非定型自閉症の５つの障害が含まれていました。

とくに、知的発達に遅れのない広汎性発達障害の子どもたちに、他の発達障害との合併あるいは併存が注目されるようになっています。つまり、自閉症概念の拡大によって、他の発達障害との重なり合いが発生しています。すべての発達障害は自閉症の特

Key person

レオ・カナー（Leo Kanner）

1894～1981。アメリカ合衆国で初めて児童精神科医を名乗った医師であり、彼が初めて執筆した教科書『児童精神医学』（Child Psychiatry、1935年）は、英語の教科書としては、子どもの精神医学上の問題に初めて焦点を当てたものであった。1943年に発表され、多大な影響を及ぼした論文「情動的交流の自閉的障害」（"Autistic Disturbances of Affective Contact"）は、ハンス・アスペルガーの著作と並んで、現代の自閉症研究の基礎となっている。

性を持つ、というような極端な意見も出ています。

レット症候群とはなんですか？

1966年、ウィーンの小児神経科の医師アンドレアス・レット博士によって発表された神経疾患で、博士の名をとって「レット症候群」と名づけられました。

出生率1万人から1万5000人に1人の発生率といわれ、生後6カ月から1年6カ月の頃に発症します。遺伝子の突然変異が原因で女児のみに起こります。知能や言語・運動能力が遅れ、常に手をもむような動作や、手をたたいたり、手を口に入れたりなどの動作をくり返すことが特徴とされています。日本では小児慢性特定疾患に指定され、5000人程度の患者がいると推定されています。

小児期崩壊性障害とはなんですか？

広汎性発達障害のカテゴリーに含まれる障害です。有病率は約0・01％で、男の子に多い病気と言われています。典型的な小児期崩壊性障害は3～4歳までは正常に発達し、言葉を話すようになってトイレの訓練もでき、適切な社会的行動をするようになっています。その後、神経過敏でふきげんな時期が数週間から数カ月あった後、明らかな退行現象をみせるようになります。

すでに身につけた言語能力や運動能力、社会的能力を失い、排泄も制御できなくなります。自閉症児にみられるような反復性の行動をするようになり、知能レベルもかなり低下するのが普通です。

現在のところ、小児期崩壊性障害に対する明確な治療法は確立されていません。自閉状態がはっきりと見られる子どもに対しては自閉症と共通した治療法がおこなわれます。

非定型自閉症とはなんですか？

世界保健機関（WHO）の作成した国際疾病分類第10版（ICD-10）では、「特定不能の広汎性発達障害（非定型自閉症を含む）」を「非定型自閉症（Pervasive Developmental Disorder-Not Otherwise Specified：PDD-NOS）」と呼んでいます。典型的な自閉症の特徴を満たさない（DSM-Ⅳならば12項目中5項目以下）、発達経過に診断上配慮すべき特記事項（たとえば虐待の既往など）がある、発症が遅れ3歳以降になる、併存する合併障害（たとえば視聴覚障害など）がある場合などが含まれます。なお、大部分の非定型自閉症は診断基準を満たさない例となります。

医師から「広汎性発達障害」という診断を受けたという児童・生徒に学校現場で出会いますが、それは多分に「自閉性障害」と明確に診断がつけられない事例や、「特定不能の広汎性発達障害」（非定型自閉症）を指していると想定されるケースがあります。

ダウン症でも自閉症になるのですか？

1979年、あるダウン症候群の子どもを自閉症と診断して報告したのは、日本の児童精神科医のパイオニアのひとりである若林愼一郎先生です。現在では、自閉症と診断されるダウン症候群の子どもが存在するというのは、専門家の常識となっています。

知的障害の代表例として知られているダウン症候群が自閉症と聞くと混乱される方もいるかもしれません。6歳の子どものさまざまな認知機能を測定したとします。↓

図表Ⅱ-24

■図表Ⅱ-24　6歳の子どもの発達の違い

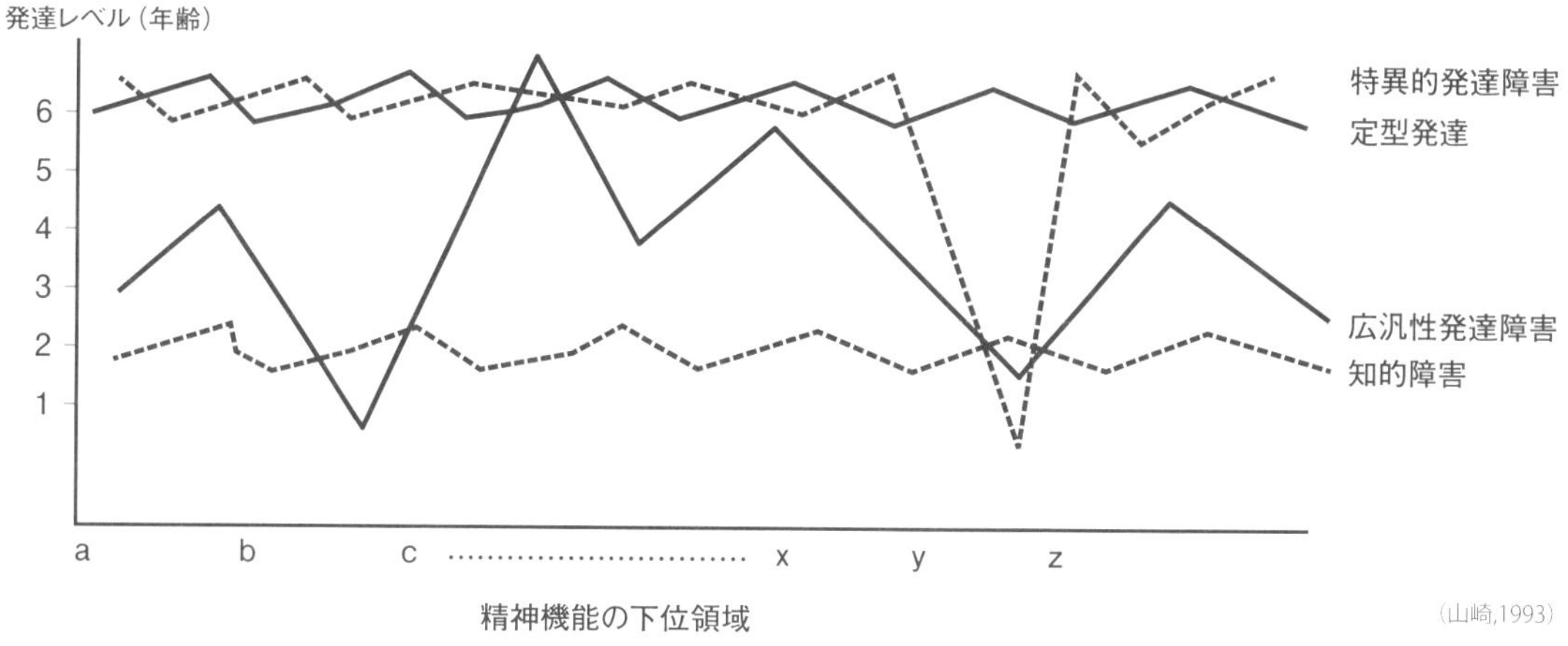

（山崎,1993）

全般的で均一な遅れを示す状態を知的障害とするなら、全般的で不均一な遅れを示すのが広汎性発達障害（すなわち自閉症）の特徴です。ダウン症候群の90％は全般的で均一な遅れを示すので知的障害（＝精神遅滞）と診断され、約10％の子どもは、全般的で不均一な遅れを示すことによって、自閉症と診断されるのです。

ダウン症候群以外に、脆弱X症候群、コルネリア・デ・ランゲ症候群、ドゥシャンヌ型筋ジストロフィー、神経繊維腫症Ⅰ型（レックリングハウゼン病）、フェニールケトン尿症、結節性硬化症などのさまざまな先天性疾患に自閉症の合併が報告されています。

自閉症はてんかん発作を起こしやすいのですか？

自閉症はてんかん発症のハイリスク要因です。3歳過ぎに自閉症と診断されたものの、身体的にはまったく健康と思えた子どもが思春期（10～15歳）前後にてんかんを発症することはめずらしくありません。このような「特発性」自閉症のてんかん合併は25％程度になります。→図表Ⅱ-25

たとえば、ウェスト症候群（点頭てんかん）は生後4～12カ月に発症します。やがて3歳以降になって自閉症と診断される例があります。つまり、てんかん発症が先で自閉症診断は後になります。このような例（症候性自閉症）も加えると、自閉症のてんかん合併率は40％を超える頻度となります。

第1に、知的障害が重度であればあるほど、思春期のてんかん発症の確率は高くなります。高機能群のてんかん発症率は若干下がります。

第2に、7～10歳にてんかん性脳波異常が認められると、後のてんかん発症の確率が高くなります。自閉症と診断される3～4歳の脳波検査では異常が認められにくいのです。

第3に、発作型は2次的に全般化する部分発作が主体で、いわゆるけいれん発作が大部分です。

高機能自閉症とアスペルガー症候群の違いはなんですか？

高機能自閉症（High-Functioning Autism：HFA）とは、知能検査の結果が遅れの範囲にない（IQ70以上）自閉症という意味です。高機能自閉症の特別な診断基準はありません。

■図表Ⅱ-25　自閉症の子どもがてんかんを発症する2つのピーク

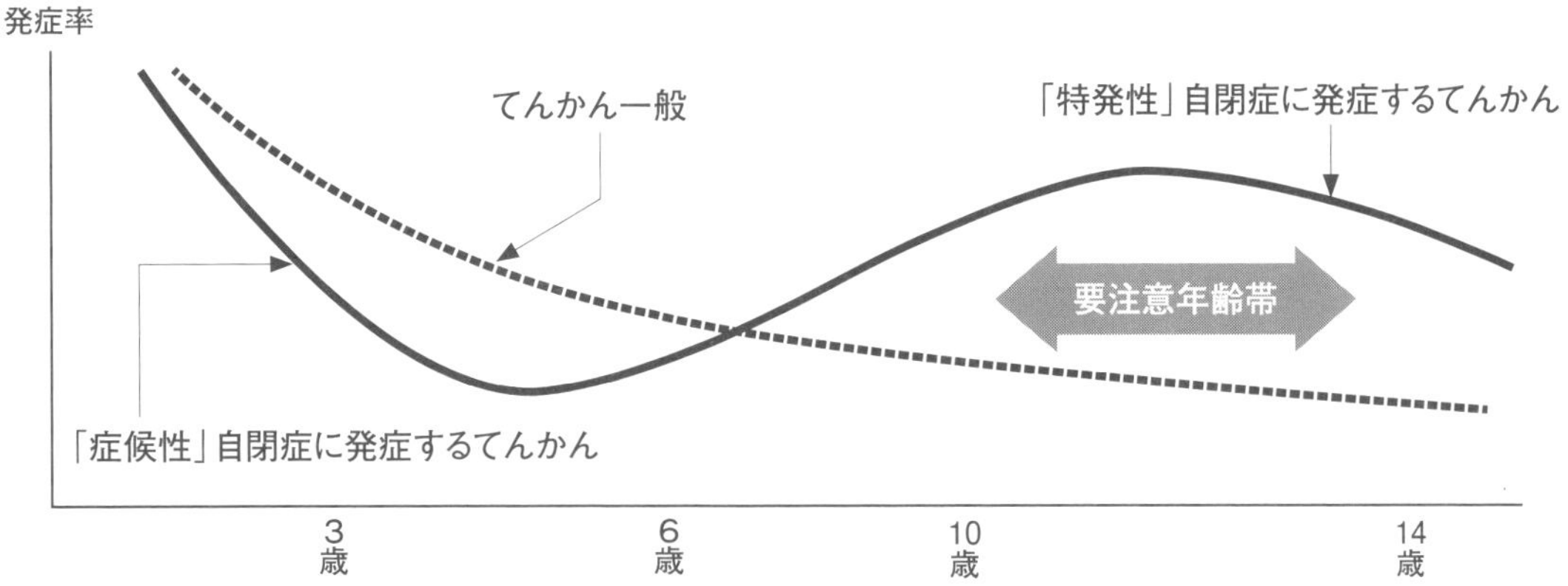

アスペルガー症候群（Asperger Syndrome：AS）とは、1944年、オーストリアの小児科医、ハンス・アスペルガーによる自閉的精神病質の4例の報告に由来します。1981年、英国のローナ・ウィングは「アスペルガー症候群・臨床的観点」という論文を発表し、アスペルガー症候群はパーソナリティ障害というより自閉症類似の発達障害という見解を示しました。

その後、高機能自閉症とアスペルガー症候群との比較研究が数多くおこなわれました。言語発達の程度、運動の協応性の優劣、認知構造の比較、そして性差（アスペルガー症候群は高機能自閉症より比較的女性に多いという仮説）などが取り上げられましたが、両者を分ける決め手がないというのが結論です。

現状では、両者に質的な違いはなく、程度の差、つまり高機能自閉症よりもより高機能な自閉症をアスペルガー症候群（＝「超」高機能自閉症？）とするのが妥当と考えられています。

DSM-IV-TRやICD-10のアスペルガー（障害）症候群の診断基準は対人社会性の障害と想像力の障害（あるいは行動・思考の柔軟性の欠如）の2つは存在するが、コミュニケーションの問題が軽微か、ない

Key person

ハンス・アスペルガー
(Hans Asperger)

1906〜1980年。アスペルガー症候群を名づけた、オーストリア生まれの小児科医。1944年、アスペルガー症候群の最初の定義を著した。アスペルガー症候群に対する肯定的な見解は、レオ・カナーの自閉症の記述とは対照的であるが、両者は同じ状態を述べている（注：カナー型自閉とアスペルガー型自閉はスペクトラム〈連続性〉はあっても、異なるものという見解が一般的で「同じ状態」ではない）。彼の仕事はほとんどドイツでおこなわれ、ほとんど翻訳されることがなかったため、アスペルガー症候群の行為のパターンの同定が広く認識される前に亡くなった。「アスペルガー症候群」という術語を初めて用いた人物は、イギリスの研究者ローナ・ウィングである。

■図表Ⅱ-26　アスペルガー症候群の診断基準（DSM-Ⅳ-TR）

A　以下のうち少なくとも2つにより示される対人的相互反応の質的な障害：

（1）目と目で見つめ合う、顔の表情、体の姿勢、身振りなど、対人的相互反応を調節する多彩な非言語的行動の使用の著明な障害

（2）発達の水準に相応した仲間関係を作ることの失敗

（3）楽しみ、興味、達成感を他人と分かち合うことを自発的に求めることの欠如（例：他の人達に興味のある物を見せる、持って来る、指差すなどをしない）

（4）対人的または情緒的相互性の欠如

B　行動、興味および活動の、限定的、反復的、常同的な様式で、以下の少なくとも1つによって明らかになる。

（1）その強度または対象において異常なほど、常同的で限定された型の1つまたはそれ以上の興味だけに熱中すること。

（2）特定の、機能的でない習慣や儀式にかたくなにこだわるのが明らかである。

（3）常同的で反復的な衒奇的運動（例：手や指をぱたぱたさせたり、ねじ曲げる、または複雑な全身の動き）

（4）物体の一部に持続的に熱中する

C　その障害は社会的、職業的、または他の重要な領域における機能の臨床的に著しい障害を引き起こしている。

D　臨床的に著しい言語の遅れがない（例:2歳までに単語を用い、3歳までにコミュニケーション的な語句を用いる）。

E　認知の発達、年齢に相応した自己管理能力（対人関係以外の）適応行動および小児期における環境への好奇心について臨床的に明らかな遅れがない。

F　他の特定の広汎性発達障害または精神分裂病の基準を満たさない。

状態と定義されています。→図表Ⅱ-26

しかし、社会性とコミュニケーションの問題は不可分という臨床的現実からすると、DSMおよびICDの定義は矛盾に満ちたものとの批判が絶えませんでした。さまざまな独自定義が提案されてきましたが、いずれも主流となることはなく、DSM-5では高機能自閉症（HFA）もアスペルガー症候群（AS）も自閉症スペクトラム障害（ASD）に統合されました。HFAとASの存在が否定されたのではなく、知的障害のないASDと表現が替わったと理解すべきです。

より広い自閉症の表現型（BAP）とはなんですか？

BAP（Broader Autism Phenotype）は自閉症の家族研究の中で提案された仮説的概念です。BAPは診断名ではなく、自閉症の症状の一部の存在を意味します。

自閉症のきょうだいと健常児のきょうだいを比較すると、自閉症がいる家族の中に自閉症が発症する割合は5～10倍高率です。二卵性より一卵性双胎児の方が自閉症発症の一致率がかなり高いことも事実で、自閉症の発症に遺伝的背景（=素因）が関与していることはたしかです。

さらに、自閉症あるいは広汎性発達障害との診断には至らないものの、それらと類似のあるいは一部の症状がある人が同一の家族の中に散見されるという指摘がなされました。

たとえば、軽度の発話の遅れ、引っ込み思案、恥ずかしがり屋、軽度の社会恐怖、頑固で大袈裟な物言い、強迫症状、融通のきかない行動などの特徴です。BAPとは診断の域値以下の症状の存在を意味します。

BAPの特性についてさまざまな研究がおこなわれましたが、自閉症の症状のどの部分が優位なのかについては一定の結論は得られていません。

類自閉パターンとはなんですか？

類自閉パターン（Quasi-autistic pattern）は、自閉症に似ているがそのものではない状態という意味で、自閉症の研究で著名なM・ラターによる造語です。

1989年のルーマニア革命後、劣悪な環境の孤児院に押し込められていた、いわゆるチャウセスクベビーは世界中に養子として引き取られました。この中に「自閉症」が大勢いることが問題になりました。

調査責任者のラターは、きわめて不適切な養育の結果、自閉症様の症状は呈したが、適切な環境下では改善を示すので、類自閉パターンと命名しました。彼らには4歳の段階で「自閉症」の症状が見られても6歳で症状は改善しています。男女比は1対1で、通常の自閉症で認められる男性優位はありません。

子どもの虐待が自閉症を発症させると早合点するのは間違いですが、類自閉パターン（自閉症類似の症状〈行動〉）が、極端に不適切な環境の下で発生するのは事実です。類自閉パターンの存在は、仮に乳児期に自閉症を疑わせる症状があっても、養育環境の吟味なしに早期診断するのは慎重であるべき、という警告です。また、適切な養育環境下では自閉症類似の症状（行動）が軽減することを示唆するともいえます。

ミラーニューロンと自閉症の関係は？

ミラノ大学の生理学教授J・リゾラッティは、猿の運動神経領域の実験中、他の猿がピーナッツを食べようとして手を伸ばしている場面を見ている猿の運動領域の神経活動が同時に高ぶる事実を発見しました。運動神経ですから、その指令によっておなじように手が動くはずですが、実際には手は動いていませんでした。

　運動神経機構には、見ただけで反応する「ミラーニューロン」という機能を持つ一群の神経細胞が含まれていることがわかっています。

　自閉症の基本障害である社会性とコミュニケーションの障害に対応する脳機能部位として、ミラーニューロンの存在が注目されています。運動の意図を司る下前頭回、共感性に関与する前帯状回、感情の中枢である島、言葉の意味理解に重要な角回《かくかい》などにミラーニューロンの存在が確認されています。つまり、自閉症の社会性の質的障害にはミラーニューロンの活動低下が関係しているのではないかとの仮説が提案されています。

　自閉症のある人は相手の考えが読めないという「心の理論」の障害説の弱点は、脳機構上の裏づけが不十分なところでした。ミラーニューロンの存在は、自閉症の基本障害の解明の鍵になる可能性を秘めています。

「心の理論」とはどのようなものですか？

「心の理論」（Theory of Mind）とは、他者の信念や欲求を推測したり、他者が自分とは異なる考えを持つことを理解したり、それらの情報を人の行動の理解や予測に用いる認知能力のことです。社会的行動や対人関係の発達にかかわる生得的機能であると考えられています。
「Aさんがこう考えていると私は理解する」（第1次のレベル）
「Aさんはこう思っているとBさんが考えていることを私は理解する」（第2次のレベル）→図表Ⅱ-27
「Aさんはこう思っているとBさんが考えているとCさんが思っていることを私は理解する」（第3次のレベル）
　ASDでは、この「心の理論」の発達が遅れると指摘されていますが、高機能者では複雑な「心の理論」課題に正解することもあります。その場合でも、日常場面で人の心の状態や動きを的確に察知し対応することには困難が見られます。
　F・ハッペは、より日常的な課題として、嘘、方便、皮肉、冗談などの「奇妙な物語」を考案して検証し、高機能者であっても文脈にそぐわない解釈をすると指摘しています。

発話の意図が理解できない子どもはどこでつまずいているのですか？

　語用論とは言語運用を研究する理論で、発話意図の解釈、話し手が相手・場所・時・状況などを考えて発話を構築するしくみ、言葉以上の意味が伝達されるしくみや話し手と聞き手の社会的距離がいかに表現されるのかといった問題を扱う言語学の一分野です。

　語用論の1つであるJ・L・オースティンらの言語行為論では、発話の定義は単なる命題の提示（発話行為）ではなく、発話を通して命令・警告・依頼・約束・謝罪などの行為（発話内行為）をおこなうことであり、発話によって何らかの効力を生みだす行為（発話媒介行為）であるとされます。

　たとえば、母親が宿題をしない子どもに「いつまでゲームをしているの？」と言ったとします。字義通りには「いつまでゲームをするのか」をたずねています（発話行為）が、話し手の意図は、「早く宿題をはじめなさい」という命令や「宿題をやらないならゲームを取り上げる」という警告（発

■図表Ⅱ-27　心の理論課題

●（第2次のレベル）ジョンとメアリー課題

【質問】

なつきちゃんは、ゆうた君が焼きいもを買いにどこに行ったと思っていますか?
それはどうしてですか?

●（第1次のレベル）サリーとアン課題

【質問】

なつきちゃんは、どこを探すでしょうか?

出典：『アニメーション版・心の理論課題』(2013) DIK教育出版

話内行為）です。

しかし、これらの意図は言葉に直接表されていないため、言語理解を超えた推論をおこなわなければ了解されません。

定型発達の子どもはすぐに母親の意図を察し、「もっとやりたいのにな」などと言いながらもゲームをやめて宿題にとりかかるでしょう。しかし、ASDの子どもは発話内行為を直感的には理解できず、「いつまでやるかは決めていない」などと答えてしまいます。反抗ではなく正直な応答なのですが、特徴を知らない人には意図を誤解されて、「ふざけないで素直に言うことを聞きなさい」と叱責されるかもしれません。

このような特徴をもつ子どもには、婉曲表現を避けて意図を単刀直入に伝えるようにします。先ほどの例で言えば、「ゲームはやめます。宿題をします」と言うと理解しやすくなります。

■図表Ⅱ-28　自閉症スペクトラム障害における語用障害の例

文脈や前提を無視して解釈する。
聞き手の注意、関心、知識状態などを考慮せずに話す。
非本質的な事柄にこだわって話す。
不適切な人称を用いたり、呼びかけをしないで話す。
話し手を交替せず自分ばかりしゃべる。
意図や感情の問い合わせに応じない。
相手の意見を無視する。
相手に誤解が生じても気づかず修正できない。
話題を調整できない。
言葉の意味を字義通りに受け取り、間接表現、皮肉、反語、冗談などにこめられている意図を理解できない。
言葉を過度に狭い意味で用いる。
大仰で極端な表現や、独特で自己流の表現を多用する。
わからない時に質問などによって意味を明確化したり、困っている時に相談したり協力を求めたりする援助要請ができない。
自分から情報を提供しないので、相手がつぎつぎ質問しないと会話が続かない。
相手の立場、相手との社会的距離や関係に応じた表現を調整できない。
雑談などの関係維持的会話がむずかしい。

発話の重要情報を受け取れないのはなぜですか？

D・スペルベルとD・ウィルソンによる関連性理論は、人の相互理解がどのように成立するかを説明しようとしています。関連性理論によれば、相互理解が成立するための本質的要件は話し手の意図を推察する能力です。

ASDの人は、話し手の意図を解釈する上で注目すべき情報を見逃して非本質的な情報に注意が向きやすく、意味理解に用いる文脈も独特なものになりやすいために、発話解釈のずれが生じると考えられます。

たとえば、教師が水着を忘れた生徒たちに「明日もプールがあるよ」と言ったとき、定型発達の子どもは「明日もプールの授業がある」という情報と共に、「明日は水着を忘れないようにね、と伝えている」とすぐにわかり、「水着を忘れません」という意図で「はい」と応じるでしょう。

しかし、ASDの子どもは話し手が「なぜそう言うのか」を察知することが困難なので、「明日もプールの授業はある」という情報への応答として「はい」と答えるかもしれません。

このようなミスコミュニケーションはASDの人びとの生活において頻繁に生じていると考えられます。語用論は、意図や重要情報を簡潔に明示することが「わかりやすい言葉かけ」になることを教えてくれます。

語用障害の対応にはどんなものがありますか?

図表Ⅱ-28にASDにおける語用障害の対応例を示しました。このような語用障害への対応には「語用論的アプローチ」があります。A・クリンとF・R・フォークマーは中心的課題として、「交渉、説得、反論など、他者とのより柔軟な相互作用のスキルを学ぶ」「話題への参加、話題の変更や終了など話題管理のスキルを学ぶ」「非言語的手がかりの知覚スキルを改善する」「社会的な場面から期待されていることや社会的関係を理解する」「推論、他者の行動の予測、動機の説明などに用いる精神状態動詞の使い方を学ぶ」ことを挙げています。

線画で人、吹き出しで「発言」と「思い」を書き表すことによって会話を視覚化し、コミュニケーションスキルを学びやすくする「コミック会話」（キャロル・グレイ、1994）も、療育・教育現場で活用されています。

人の顔を覚えられない子どもはどんな特徴があるのですか?

顔つきを区別する（相貌《そうぼう》認知《にんち》）力は、新生児期から発達します。通常、乳児は顔とおぼしき丸に目鼻と思えるパーツの入った図形に注目し、早い時期に母親の顔も見分けられるようになります。その手がかりは、4カ月過ぎには目・鼻・口の配置で、8カ月頃には部分ではなく、全体をとらえて見分ける（全体処理）ようになります。

このような区別には、側頭葉下部の紡錘状回が関与していることは、脳機能イメージングによりほぼ裏づけられていますが、自閉症の場合、この紡錘状回の反応が弱いことが指摘されています。

それが、そもそも紡錘状回の機能が弱いのか、人への関心が薄く、顔を見る頻度が下がり、見分ける経験が少ないために紡錘回の働きが鍛えられないでいるのかは、議論がわかれています。

また、全体処理ができると、あいまいな粗い画像（遠景）でも人を見分けられますが、部分に着目する処理だと詳細な情報が必要です。

自閉症の子どもの中に、友だちを髪型やメガネの有無で判断している子もいますが、それらの情報が変化すると混乱することがあるのも、部分に着目しているからと言えます。

自閉症の人が社会生活をおくるために気をつけるべきことはなんですか?

自閉症の人は、❶社会性の障害、❷コミュニケーションの質的障害、❸イマジネーションの障害という、ローナ・ウィング博士が指摘したいわゆる「3つ組」に加え、不注意や不器用さ、感覚の問題なども抱えて生活しています。これらの障害や特徴を抱えながら、衣食住などの日常生活で自立することに加えて、家庭や学校で生活するために多様なライフスキルを身につける必要があります。さらにより広い社会生活を送るためには、就労につながる技能を身につけたり、余暇を楽しむ力、人とつながる力や自己受容の力も重要です。

社会的自立において重要視されがちな社会性やコミュニケーションの力は、自閉症の中核症状と関連するため、むずかしさをともないます。しかし、ソーシャルスキルや、コミュニケーションの力が身につくと、人と過ごすことから生じる負担感を減らし、人とのかかわりを通して自己受容も促進されます。

イマジネーションの障害による不都合を減らすポイントは、入手した情報から予測したり、人の気持ちを想像したり、自分と異なる意見を理解する体験を積んだりする体験などをおこなって、暗黙の了解を理解し、臨機応変の対処力を身につけることです。これらの能力を獲得していくことで、障害から起こってくる不都合を減らすことにつながります。

不注意や不器用さから起こってくる不都合を減らすポイントは、自分に合った注意喚起、注意力維持の方法を身につけることです。やるべきことと時間を決め、終わったら自分にご褒美を出したり、目に見える場所にやることリストを貼り、終わると印をつけたり、忘れてしまいそうなスケジュールを音やメールで知らせたりする方法を身につけていきます。→図表Ⅱ-29

不器用さから生じる不都合は、道具の工夫で対処します。IT技術を使えば、書字や作図の負担を減らせます。

感覚の問題は、感覚過敏や感覚鈍感、ある種の感覚に対する忌避などがあり、本人の不快感を緩和させる環境や機器や道具を提供することがポイントになります。また、周囲の人びとに感覚の特性に対する理解を求めることも不可欠です。

自閉症の子どもの特性にそって整理してみましょう。

■図表Ⅱ-29　メール、スケジュールのリマインダー機能

話し言葉の遅れ・語用の誤り

教師がクラスで指示をしても、すぐに行動に移せない子は自閉症の子どもばかりではありません。基本的に言葉による指示だけではなく、視覚的な情報も提示することを心がけましょう。

黒板にやるべきことを箇条書きにしたり、移動先や並び方を図示したりします。複数の指示は「1番～、2番～」と歯切れよく表現し、指で示したりします。子どもの言動に対し「まる！」「グッド」とフィードバック

する時にもジェスチャーを併用します。

　また、おなじ行為や状態をいろいろな言葉で言い表すのではなく、一定のキーワードで表現することも理解を助けます。とくに抽象的な言葉は理解されにくいことに留意します。「静かに」より「口はチャック」「ちゃんとして」より「背中ピン!」など、個人と集団の実態に合った表現を用いると、クラスの多くの子にもわかりやすくなるはずです。語彙の不足や表現力の弱さがあれば、語彙リストや話型を示すことも有用です。

　さらに、クラスメイトとの行き違いがあった場合、いつも以上に言葉がかみ合わない可能性があります。双方の言い分を文字やイラストに書いて視覚で振り返ることができるように紙に描いて渡すなどすると冷静さが保てます。また、行き違いのかげに語用の誤り(66ページ参照)があることも念頭において指導に臨むといいでしょう。

社会的相互作用のむずかしさ

　人への関心が薄い子どもは、教師や発言するクラスメイトに注目できない場合があります。個別に話しかけられても目を合わせて聞くことが苦手な子もいます。目を合わせることではなく、話に耳を傾けるように伝えます。

　また、表情から相手の気持ちを読み取ることや、複数のクラスメイトの雰囲気を感じ取ることも苦手な場合が多いものです。そんな時は「どこをどう見るのか」を示します。唇や目尻のようすを見とれるようであれば、読み取り方を説明します。非言語のコミュニケーション能力を育てるために、クラスでジェスチャーゲームをやったり、教師が表情だけで伝える場面を作ったりします。

　言語的なコミュニケーションでも、対話が一方的だったり話題がかみ合わなかったりすることがあります。「言葉のキャッチボールを」と諭すより、マイクを交互に受け渡しながら話す方がわかりやすいでしょう。グループ内の会話も、話し過ぎか話していないかが見てわかるような手立てをくみます。見えにくい行動を見える形にするひと工夫があると、自分の振る舞いを調整しやすくなるものです。
　身につけておきたいあいさつや気遣いの言葉かけなども、紙に書いて掲示しておきます。

想像力が弱い・イメージの困難

　予定や気持ちは見えないものなので、見える形にすることが基本です。作文や描画など、過去のことを思い出すために手がかりが必要な子どももいます。

　学校行事など、新しい経験をするときにも注意が必要です。どういう場所で何をするのかは、想像できれば楽しみになりますが、想像できないと不安でしかありません。映像やスケジュール表などで、見通しが持てるようにします。

こだわり

本人のこだわりは「その子どもが安心できる世界、大事にしたい世界」ととらえます。できれば、本人と一緒に楽しみを共有し、その関心を学習活動に生かしたいものです。

ひとつのものごとに集中するあまり、他の活動に切り替えにくいこともあるでしょう。そんなときは、満足して終われる条件を考えたり、時間を区切ったり、次の活動を予告したりします。

感覚の違い

聴覚が過敏すぎると、教室のざわつきに耳をふさぎ、いらだちやすくなります。触覚が過敏だと、上履きを履きたがらなかったり、クラスメイトが触れただけで痛がったりするかもしれません。

反対に、寒さや痛さに鈍感な子もいます。嗅覚に過敏さがあると、ちょっとしたにおいでも不快感をあらわにしたり、いろいろなものをまず鼻でにおいをたしかめたりするでしょう。体を揺らしたり回ったりするのは、自ら感覚刺激を求めての行動と理解できます。

このような感覚的な違いが、クラスの中で違和感を生じさせることがあります。まず、本人の不快感を緩和する方法を考えます。

聴覚過敏には、左の図表Ⅱ-30のような耳栓やイヤホン・ヘッドギアの使用、場合によってはBGM（好きな音楽で不快な音を消去する方法）を流すことも役立ちます。触覚過敏には、タッピングやにぎり玉など、本人の好む触覚刺激を味わう場を工夫します。

それ以上に、その子の繊細さをクラスメイトに理解してもらうことも大事です。「だれでも海で日焼けした後、触られたくないほど敏感になる」「トンネルの中で反響する音が耳に残る人がいる」などの例をあげ、本人の苦しさを理解し、互いに調整できるクラスの雰囲気を作ります。

■図表Ⅱ-30　聴覚過敏な子どもには耳栓も効果的

話し言葉

障害の有無にかかわらず、話し言葉の発達をうながすために、本人に対する家族の日常的な言語的な働きかけが大きな役割を果たします。家族内のあいさつや会話から、乳幼児は言語を獲得していきます。その際、表情やジェスチャーなどの非言語的な手段も言語の獲得に重要な役割を果たします。

❶いいことや悪いことを伝えたりする際には、言語と結びついて表情やジェスチャーなどが大きな効果を発揮します。

❷語彙を増やすために、指で指しながら物の名前を教えたり、操作をしながらそれを言葉で説明します。

❸勝手がわかる家庭の中では、おやつがほしい時に、冷蔵庫を開け自分で見つけて食べるように、言葉で表現するより直接行動してしまうことがあります。行動

レベルで自立することも大事ですが、場面によっては、「おやつが食べたい」「冷蔵庫から出します」など、言葉で要求したり、表現したりする機会を多くもてると、他人とやりとりをする力が育まれます。

❹文字が読めるなら「飲み物」と書いた下に「牛乳・リンゴジュース・麦茶」と書いたカードを示して、選択させる方法もあります。また、衣服を収納するタンスや箱に長袖シャツ、半袖シャツ、半ズボンなどの種類を書いた札を貼っておくと、文字を読んで自分が探すことや整理する際のサポートになります。

❺あいさつの言葉をカードに書いて、それを使う場所に貼っておきます。たとえば、玄関に「いってきます」「ただいま」、洗面所に「おはよう」「おやすみなさい」、食卓に「いただきます」「ごちそうさま」のカードを貼り、その場にふさわしいあいさつを促します。

❻「りんごジュースがあるから飲みなさい」という直接的な指示が理解できる場合は、一段階抽象度の高い指示をします。たとえば、おやつに飲みものを与えるとき、「牛乳とジュース。どっちがいい？」と選択できるようにし、次のレベルでは「飲み物は何がいい？」とオープンクエスチョンにし、本人が広く飲み物一般のイメージから検索し、選択できるようにします。

このような方法で生活の中で具体物と言葉を照合させ、徐々に上位概念の理解を促したり、言葉の含意を理解できるようにしていきます。

コミュニケーション

コミュニケーションは、あいさつから始まります。おなじ相手と何度もあいさつの練習をするよりも、多くの人と実生活の中であいさつを交わす経験を積み重ねた方が、気持ちを通わす実感や、そのあいさつをする必要性を判断する力も養えます。年齢やライフスタイルに合わせた実用的なコミュニケーションスキルを身につけさせましょう。

❶家族内のあいさつ、近所の人とあいさつするようすを間近に見せます。

❷その場でまねることからはじめ、次第に家族がいなくても、あいさつされたらあいさつを返すことを教えます。

❸あいさつされたら返せるような段階を経て、自分からあいさつできるようになります。

❹買い物に一緒にでかけ、店員に質問し

たり、交渉したり、感謝の意を伝えたりする場面を見せながら、次第に本人がやれるようにしていきます。

❺語用の誤り（→66ページ図表Ⅱ-28参照）がある場合には、あらかじめ誤解されがちな例をあげ、学校関係者に伝えておきます。通常の指示で伝わりにくかった場合、周囲の意図を本人に正確に伝えるための表現を工夫しようとすることにつながり、適切な支援が受けやすくなります。たとえば、「見ててね」と伝えても、「大丈夫かどうか気を遣う」ことではなく「見ている」という行為そのものととらえがちであることを知らせておきます。これによって「水があふれたら教えて」「友だちが痛そうだったら保健室に連れていってあげて」という指示に代わります。意を汲んで行動するのは苦手でも、何をしたらいいのか示されれば行動できることを理解してもらいます。

イメージ

幼い時期、見立て遊びやごっこ遊びを楽しめるようなら、遊び相手になって、共有できるイメージをふくらませましょう。

❶いろいろなタイプのお父さん、お母さんや子どもがいる家族や、怖い先生もやさしい先生もいる学校を設定して「家族ごっこ」「学校ごっこ」するとイメージを共有することができます。

❷学校でのできごとや遠足の報告を聞くときは、事前にいくつもの場面を想像しやすくして、具体的な質問をすると話が弾みやすくなります。

❸はじめての体験をするときは、言葉での説明に加えて、イラストや写真を使ってイメージがわくように説明すると、納得できて、未知の体験に対する不安を軽減する効果があります。

こだわり（洋服・食事など）

食事の好き嫌いや洋服の好みの裏には、感覚的な過敏さがあることが多いようです。安心できる幅が狭いため、ちょっとした違和感で拒否してしまいます。違和感を感じやすいのは、見た目（視覚）か、手触り・舌触り（触覚）か味覚なのかを観察して理解しましょう。

❶洋服の好み

触覚過敏があると、ニットやタートルネック、Tシャツのタグ、ジーンズなどを嫌がります。ふわふわやつるつる、ぱさぱさやごりごりなど多様な感触があるものを触る「触覚遊び」を通して、感覚を弁別する力を高めることで、受容できる幅が広がることもあります。

❷食事の好き嫌い

たとえば、幼児期には、白いごはんやおうどんしか食べなかった子もいます。ハンバーグは好きなのに、ソースがかかっているだけで食べないことがあります。好きな味、舌触りを大事にしながら、おいしく食べられる幅を広げていきたいものです。

感覚の障害に対しては、感覚統合療法（→93ページ参照）によるアプローチもあります。

幼い時のようすを振り返って、感覚の敏感さや鈍感さがわかることがあります。大人が手をつなごうとしてもその手を振りほどいて、駆け出していたことはなかったか、砂場が嫌いで滑り台の上にばかりいたことをきれい好きと誤解していなかったかなど、家族が把握できる感覚の発達のようすを学校にも知らせると、新たな指導の手がかりになることも多いはずです。

自閉症は薬で治りますか？

現在、自閉症にともなう行動障害や情緒障害、あるいは睡眠障害に対する薬物治療がおこなわれています。これは対症療法ですから、薬をはじめたら一生ものと恐れるのは誤解で、症状が治まったなら減量・中止することが原則です。

過剰な神経活動によって起こる興奮、多動、他害、自傷、不眠などには、抗精神病薬が用いられます。多動、衝動性、不注意をともなう自閉症には、ＡＤＨＤの治療薬が効果を発揮する場合もあります。抑制系神経の働きを強めることがねらいです。ただし、重度知的障害をともなう場合は、抗精神病薬の方が有効率は高いと考えられています。

抗うつ剤、ある種の抗てんかん薬、炭酸リチウムなどは、情動安定作用を持ちますので、その目的で処方されることがあります。抗うつ剤はうつ状態だけでなく、強迫症状にも効果をもつため、癖・こだわりの強い自閉症に用いられる場合があります。

この他、L-ドーパ、メラトニン、オキシトシン、セクレチン、ビタミンＢ類、ある種の漢方薬などが試みられていますが、いずれも効能が定まっていないのが現状です。

Key person

ローナ・ウィング（Lorna Wing）

1928～2014。英国王立精神科医。英国王立精神医学会フェロー。娘が自閉症だったことから自閉症スペクトラム障害の研究に携わり、1962年に英国自閉症協会（National Autistic Society：NAS）を設立。Asperger syndrome：a Clinical Account（1981年）はアスペルガーの研究成果を踏まえた、アスペルガー症候群研究の先駆的な論文。

第4章

その他の発達障害
重なり合いと合併症状

高機能広汎性発達障害とはなんですか？

自閉症とその近縁の発達障害を広汎性発達障害（Pervasive Developmental Disorders：PDD、DSM-5では自閉スペクトラム症）として概念化したのは、米国精神医学会の診断基準のDSMです。その中で、知的発達に遅れのないグループを、日本特有の慣用表現として、高機能広汎性発達障害（High-Functioning PDD：HFPDD）と呼ぶことがあります。

HFPDDには特別な診断基準はありませんが、高機能自閉症、アスペルガー症候群、知的発達に遅れのない非定型自閉症が含まれます。

HFPDDには、自閉症的特性と他の発達障害、たとえば、ADHD（注意欠陥多動性障害、DSM-5では注意欠如多動症）やLD（学習障害）との合併あるいは併存が指摘され、HFPDDの3分の2にADHDとLDの特性を認めたとの報告もあります。

2002年の文科省の調査では、通常の学級に所属する、特別な教育的支援が必要とみなされた6・3％の児童生徒の内、高機能自閉症様の状態像（0・8％）の半数（0・4％）に、ADHD様の特徴も認めました。→30ページ図表Ⅱ-4参照

LDあるいはADHDがHFPDDと重

なり合っていることは、臨床的現実と認識されています。

なお、2012年に文部科学省によって同様の手法で再調査が実施されました。高機能自閉症様の状態は1・1％、ADHD様のそれは3・1％と報告されています。統計学的検討をすると、有意な上昇という より同様の結果と理解されています。つまり、両者は増えていないというのが文部科学省の見解です。

発達性協調運動障害とはなんですか？

1962年、L・R・ワルトンは失行・失認状態を示す5例の男児を、不器用児症候群（Clumsy Child Syndrome）として報告しました。知的発達に遅れがない、明らかな脳障害の証拠や神経、筋肉の病気はないが、家庭や学校生活に差し障りがあるほどの不器用な子どもたちでした。

当時はWISC（初版）知能検査の時代でした。全例、言語性知能はすぐれているが動作性知能は著しく劣るという結果が示されています。失行とは「運動可能であるにもかかわらず合目的な運動ができない状態」と定義され、失認は視覚、聴覚、触覚などの感覚を介して対象物を認知することができないという診察所見です。神経心理学的所見に基づく用語で、今風に言えば、子どもに発見された高次脳機能障害の一種とも表現できます。

不器用児症候群はDCD（発達性協調運動障害）の最初の報告とも考えられ、5例の詳細記述を読み返し、DSMやICDの基準を当てはめるならば、アスペルガー症候群（2例）やADHD（1例）の疑いがあります。もちろん正確な診断は情報不足のためできません。

はたして、DCDという障害が独立して存在するのか、知的障害の合併をどの程度まで認めるか、PDDとの併存を認めるか否かで専門家の意見が分かれています。なお、DSM-5の中では両者の併存は許容範囲と理解されているようで、併存ありの診断が増えていくと思われます。

言葉の遅れと発達障害には関係がありますか？

保護者が発達の遅れに気づき、専門機関に相談する理由の半数以上は話し言葉の問題です。具体的には、話さない、語彙が少ない、発音不明瞭などです。発達障害の専門家が診断する際は、まず話し言葉の遅れ以外に、対人・社会性、コミュニケーション、運動発達の問題の有無を確認します。これらの分野では問題がなく、言葉の問題が一定以上の深刻な状態にある場合、発達性言語障害という診断になります。

成人の失語症の分類に基づいて、話はよく理解しているが言葉の表出が不十分なら「表出型」、話の理解も悪くて表出が不十分なら「受容型」と区分します。発話があっても言語不明瞭なら「構音障害」と分類されます。いずれも発達障害の一類型と位置づけられています。

多くの保護者が話し言葉の遅れを障害とは認識していません。言葉が遅れているだけで、いずれ追いつく、追いつきさえすれば言葉の問題は解消すると信じています。しかし、発達性言語障害は、たとえば、ADHD、LD、DCD、知的障害の前駆症状群のひとつかもしれません。慎重な経過観察が必要な発達上の問題なのです。

チックは発達障害ですか？

チックは幼児期によくある軽微な行動の

問題で、とくに男児に多く、大部分は一過性（ある時期のみ）です。チックは、顔面や肩などの筋肉の突発的な、不規則な動きや発声をくり返す状態を指します。

運動チックは、まばたき、鼻すすり、首振り、肩すくめなどの、だれもがおこなう日常的な一瞬の行動が、執拗《しつよう》にくり返されます。音声チックは、「アッ」「ウッ」などの短い言葉、鼻をならす、せきばらい、突然の奇声、相手や自分が言った言葉を、執拗にくり返す状態です。

チックは、本人が意図的にしているものではありません。無理に止めようとすると、短時間は可能ですが、その反動のチックがかなり強烈に起こります。睡眠中はチックは起こりません。また運動チックの始まりは顔面からで、手足から始まるチックはありません。

発達障害者支援法の定義では、幼児期から児童期の情緒・行動の障害のすべてが含まれると明記されていますので、理論上はチックも「発達障害」に含まれることになります。しかし、後述のトゥレット障害など重症型は別にして、一過性の特性、日常の障害の程度などからすべてのチックを発達障害に含めることが適切か検討する必要があります。

■図表Ⅱ-31　チック障害の分類（日本小児神経学会）

一過性チック障害	運動チックおよび音声チックの両方またはいずれか一方の症状が4週間以上12カ月未満持続する障害。
慢性チック障害	運動チックと音声チックどちらか一方の症状が12カ月以上持続し、3カ月以上持続してチックが消失することがない障害。慢性運動性チック障害、慢性音声チック障害とも。
トゥレット障害	多種類の運動チックとひとつまたはそれ以上の音声チックが1年以上にわたり続く障害。

トゥレット障害とはなんですか？

トゥレット障害は、多発性チックと音声チックが併存する重症チックの極型と定義されています。病名はフランスの神経内科医、ジョルジュ・ジル・ド・ラ・トゥレットに由来しています。

図表Ⅱ-31を見てください。多発性チック症は、学童・思春期に比較的多くみられ、多様な運動チックと、1つ以上の音声チックが、長期間にわたって続きます。症状は、増悪と軽減をくり返しながら続くのですが、ADHDや強迫障害の併存など、生活の困難度は深刻で、支援が必要という点では発達障害とみなすべきという主張も納得できます。

反応性愛着障害とはなんですか？

反応性愛着障害（Reactive Attachment Disorder：RAD）は、親（母）子関係の歪みに基づく子どもの行動障害のひとつで、DSMの障害分類です。母子の関係のゆがみに虐待が介在する事例が多く報告されています。

とくに、ADHDとの鑑別で問題になるのは「脱抑制型」のRADで、絶えず動き回り、相手構わず接近し、注意散漫な状態が続きます。この状態はADHDのある子が不適切な養育の状態に置かれたことで引き起こされている行動なのか、それともRADの症状なのか判断に迷う場合があるからです。

一部に、中枢神経刺激薬が無効ならばRADを疑うと誤解している専門家もいますが、薬効の有無でRADとADHDを鑑別することはできません。

RADはDSMの中では特異な障害です。症状（行動）で診断するのがDSMの原則（操作的行動診断）ですが、RADは関係性の障害であり、母子関係の歪み（愛着障害）という原因が明示されなければなりません。子の症状を評価するだけでなく、母親とその関係の評価が診断の根拠になっています。

選択性緘黙《かんもく》とはなんですか？

きょうだいや慣れた人とはおしゃべりできるのに、学校内では、あるいは一歩家をでると、まったく話さなくなる不思議な子どもたちは以前から知られていました。働きかけに短く反応したり、うなずいたりするようなわずかなやり取りができる状態から、凍りついたようになり、なされるがまま、まったく反応しなくなる状態まで、さまざまな程度があります。

このような状態の子どもは、かつて情緒障害の一種と理解され、自閉症も情緒障害の範囲で理解されていたので、公的な場でおしゃべりできない自閉症という誤解がありましたが、今日、選択性緘黙と自閉症は別の障害とみなされています。

しかし、自閉症の概念が広がってくるにつれ、古典的な自閉症とは異なるが、選択性緘黙の背景にはPDDがあるという主張も出てきました。選択性緘黙の子どもの言語発達の経過をていねいにたどると、言語発達にいくぶんかの遅れや偏りがあることはほぼ全例に共通しています。本人に対人・社会性の弱さもあるため緘黙になるので、たしかに自閉症類似の問題とも表現できるのかもしれません。

二次障害とはなんですか？

発達障害概念の基本は、個人に内在し、発達期に発生し、環境との不適応が存在する脳機能不全のことを指します（第1部参照）。

不適応は、発達障害のある人の機能的な制約ゆえに必然的に起こるのか、あるいは、不適切な環境因子によって偶然的に発生したものなのかの吟味が必要になります。それは微妙な区分になりますが、二次障害とは、後者の要素が強い状態を言います。

発達障害の二次障害として不登校・不登園がある場合どうしたらよいでしょう？

幼児期または学童初期の発達障害児の場

合、その理由として、親との分離不安と子ども集団内での不都合という2つのパターンがあります。

分離不安が強いなら、無理に離すのは逆効果になります。年齢相応の距離を取ろうとすると、親子分離の時期がむしろ遠のいてしまいます。十分に安心させることが大切です。親は、子どもが離れないことを非難してはいけません。少しずつ距離を取ってそのときを待ちます。親の都合ではなく、本人が離れる時がそのときです。

子ども集団内に本人にとっての不快刺激や傷ついた記憶があると、登校・登園を渋ります。その場合、まず安心させる言葉かけをします。

一方、「毎日行くもの」という習慣も重要です。「行く気になるまで待とう」という、かつて繁用された手法は、発達障害のある子には不適切な対応となる場合が多いのです。なぜなら、行かないことが日常になると、再度行かせるのは至難の技になるからです。

ただ送り出すことに精力を注ぐのではなく、子ども集団内での不快なことは、可能なかぎり避ける努力をします。それと同時に、本人にとって何か魅力的な活動、人、物、場所などが必要です。行くことの動機づけとして、嫌なことを否定するだけでなく、楽しいことをイメージさせることはよりいっそう重要なのです。

いじめへの対処

小学校高学年や中学校期になると、自分たちとおなじか違うかの区別をし、おなじであると仲間で、違うと排除するという意識が表れてきます。大人（教師）と子ども（生徒）の関係とは別に、子ども同士の関係が正しく構築されていく過程を大人がよくみていく必要があります。間違った排除の論理（いじめ）は断固正さなければなりません。

他の子どもと違う特性を持つ子ども、発達障害や他国籍の子どもたちは、いじめの対象となりやすいのです。身近な大人が子どもを「守る」という思いを持ち、そのことが子どもたちにわかるように行動すべきです。

社会性の未熟さゆえに、いじめられているという意識を持てなかったり、助けを求められなかったりするのが発達障害のある子どもです。「何もいわないから大丈夫」と放置するのではなく、いじめは絶対許さないという強い態度で臨むべきです。子どもの心は、知らず知らずのうちに深く傷ついていきます。→図表Ⅱ-32

なお、発達障害のある子どもがいじめる側に回ることもあります。いじめる原因の多くは、いじめを受けた体験やその場面を目撃することによる誤学習の結果です。早期に介入して、修正することが肝要です。

発達障害のある子どもの攻撃性・暴力についてどう考えるべきですか？

けんかは社会性を獲得するために必須、と単純に考えるだけでは危険です。大けがをさせたり、逆にけがを負ったりすることがあります。発達障害のある子どもは自己制御、つまり、がまんする力が育っていないことが多いからです。けんかは放置すると際限なくエスカレートし、手加減できなくなるのです。ようすをよくみて、これ以上は危険と思ったなら、まずは大人が介入して止めなければなりません。

子どもが最終的に暴力で問題を解決しようとする場合、2つの要因を考えます。

第1に、発達障害の有無とは関係のない、その子どもに備わった気質の要素です。内向的な子どもより、外向的な子どもの方に目に見える暴力が多くなるようです。気質を客観的に測定することは困難ですが、そのような観点を持つことはできます。なお、攻撃性があって暴力をふるうから発達障害とみなすのは間違いです。

第2に、暴力は、親がどのように子どもをしつけてきたかという育児方針と関係します。つまり、子どもを暴力で黙らせてきた親の子どもは、関係のこじれを暴力で解決しようとします。親から受けた仕打ちを他の子どもにしてしまうのです。これも誤学習の結果です。対策は、暴力への恐怖心で従わせた方法を止めることからはじめます。

二次障害で一番注意すべきことはなんですか?

なにより避けなければならないのは、人が人としての尊厳を保てなくなることです。子ども自身が「今ここにいてよいのだ」という存在の証明をする他者が必要です。

親が子どもの存在を認める存在であってほしいのですが、それ以外の身近な大人もそうありたいものです。欠点を見つけ、治そうとするだけでは不十分です。だれもが認める子どもの長所を見つけます。

支援者は絶えず最悪な状況（犯罪予告や自殺など）を予想しながら、「絶対見捨てない」「いつでも相談してほしい」とサインを送り続けなければなりません。そのことを予想せずに対応していると最悪な状況が起こってしまう可能性があります。

■図表Ⅱ-32　発達障害の子が二次障害へとおちいる負の連鎖

やってはいけないことをする、言ってはいけないことを言う、
規則通りにできない、調子に乗りすぎる。

↓

教師からも親からも、非難される。叱られる。
さらに、級友からも仲間はずれにされる。

↓

反発する、落ち込む、でも反省できない、次の日も同じ失敗!

↓

心に問題が起きてくる。

第3部

専門的ケア

――発達障害のある子どもへの支援

第1章

有効なプログラム・スキル

専門家による療育、家庭や学校でできること

TEACCH(ティーチ)プログラムとはなんですか?

アメリカのノースカロライナ大学のE・ショプラーが中心になって研究・開発した自閉症のためのプログラムです。

"Treatment and Education of Autistic and related Communication-handicapped CHildren"の頭文字をとって、「ティーチ」と呼んでいます。ノースカロライナ州では、公認のプログラムとして州全体で実施されています。

このプログラムの特徴は、先の見通しがないと不安になりやすい自閉症スペクトラム障害(ASD、自閉スペクトラム症)に対し、コミュニケーション、学習、就労、余暇などが、領域や地域で分けられず、一貫していることがあげられます。個別のニーズに対応し、自立を目指したプログラムです。

具体的には、「コミュニケーションシステム」→図表Ⅲ-1「時間の構造化:スケジュールを示す」→図表Ⅲ-2「物理的構造化」「ワークシステム」→図表Ⅲ-3「タスクオーガナイゼーション」などがあり、どれも自閉症の人の情報処理の特性にかなった「見てわかる」さまざまな工夫が盛り込まれています。TEACCHは、かかわりの基本理念として全世界に広がり、多くの実践を生み出しています。日本でも多くの学校、療育機関などですでに活用されています。

ソーシャルスキルトレーニングとはなんですか?

社会生活や対人関係を営む上で必要な技術をソーシャルスキルと呼び、この技術を学ぶための方法をソーシャルスキルトレーニング(Social Skills Training:SST)と呼びます。親も教師も、子どもも実践することができます。

一般的に、ソーシャルスキルが豊かな人は適応力が柔軟で、対立を予防したり解決したりして、円滑な人間関係を構築できる

■図表Ⅲ-1　コミュニケーションシステムの一例

このように絵を使うほか、物を使って（たとえば何かを飲みたいときにコップを見せる）伝える方法もある。

■図表Ⅲ-2　時間の構造化：スケジュールを示す

■図表Ⅲ-3　ワークシステム

→左から右へ：
複数の作業を、左から順に行ない、右端で終わる方式にする。
どういう作業をどれくらいやれば終わるかがひと目でわかる。

●■　色のマッチング：
提示された色の順に作業をこなしていく。

■図表Ⅲ-4　ソーシャルスキルの指導方法

例として、「よい姿勢（グー・チョキ・パー）」を挙げてみます。

❶教示：「今日は、よい姿勢の勉強をします。よい姿勢で座ると、
気持ちがおちついて、やる気も出てきます」
「よい姿勢のコツは、グー・チョキ・パーです」

❷モデリング：「先生が、ちがう姿勢ですわります」
よい着席姿勢と悪い着席姿勢を見せる。
「どちらが、よい姿勢だと思いますか?」「どこがちがいますか?」
「よい姿勢のコツは、グー・チョキ・パーです。やってみますから、
みてください」

グー：おなかとつくえの間に、グー1つ。
チョキ：つくえにチョキをして、せなかをのばす。
パー：かおとつくえの間に、パーが2つ。

❸リハーサル：「それでは、練習してみましょう」

❹実行：授業中に実践する。

❺フィードバック：「せなかがまっすぐで、とてもよいしせいです」など
❻般化と維持：必要な場面で「グー・チョキ・パー」の合図を出す。

と考えられています。

指導技法にはいくつもの技法があります。基本的なステップとして、次のような方法がよく用いられています。

❶**教示**：具体的行動、その行動の必要性、結果の見通しを言葉や絵などで教える。

❷**モデリング**：問題場面を提示し、適切な行動を考えさせたり、手本を見せる。

❸**リハーサル**：ロールプレイ、ワークシート、現実場面などで多層的に練習する。

❹**実行**：実際にやってみる。

❺**フィードバック**：行動を振り返る。ほめる時には何がどのようによかったのかを明示し、修正を求める時には望ましい行動を肯定的表現で伝える。

❻**般化と維持**：学んだスキルを日常生活で使う。**図表Ⅲ-4**に指導方法の例を示しました。

ソーシャルスキルトレーニングで学んだことが定着するためには、子どもが自分にとっての必要性と有用性を理解して実践しようとする能動性、そのチャレンジを温かく励まし支える環境作りが必要です。

ソーシャルストーリーとはなんですか?

ソーシャルストーリーは、ASDの人たちが理解しにくい社会生活や対人関係上のルールやマナーを、簡潔な文章によって伝えるために1991年、キャロル・グレイが考案したものです。「ソーシャルストーリーズ™」として商標登録されていますが、個人的な実践への制約はありません。

文章では否定表現は用いず、望ましい行動を肯定的に書いて伝えます。↓図表Ⅲ-5参照

自閉症スペクトラム障害の人たちの感じ方や考え方を十分に理解し尊重した上で社会的・対人的情報を正確にわかりやすく記述します。自閉症スペクトラム障害のある人の問題行動を改善することが目的ではなく、相互理解を促進するためプロセスであると考えられています。

ソーシャルストーリーをつくる上での10項目の判定基準とガイドラインが整備されており、書き手が参考にできる文例集も出されています。ここでも文例を**図表Ⅲ-6**に2つあげますので参考にしてください。

PECS（ペックス）とはなんですか?

PECS（Picture Exchange Communication System：絵カード交換コミュニケーションシステム）は、代替コミュニケーション（Augmentative and Alternative Communication：AAC）の一種です。

1985年にA・ボンディ博士と言語療法士のL・フロストによって開発されました。絵カードやシンボルを用いて他者とコミュニケーションをとる方法です。6段階のシステムから構成されています。↓図表Ⅲ-7参照

家庭、学校など場所を選ばずに指導できることが特徴で、対象は就学前の子どもから成人に至るまでのコミュニケーションに問題をかかえる自閉症や有意味語を話さない障害児・者です。デラウェア州自閉症プログラムではじめて用いられて以来、有効だとする報告が多数だされています。

子どもと大人がペアになってやりとりするのが通常です。

PECSでは相手と欲しいアイテムの絵カードを交換することで欲しいアイテムが手に入ることを教えます。

■図表Ⅲ-5　ソーシャルストーリーの判断基準10項目

❶子どもに自信を持たせながら、社交情報をわかりやすく、ていねいに伝える。
　全体の50%は達成したことを賞賛する。
❷テーマをはっきりさせる導入部、詳しく説明する主部、情報を補強しまとめる結論部がある。
❸子どもたちの疑問（5WIH）に答える。
❹1人称あるいは3人称の視点で書く。
❺前向きな表現を使う。
❻必ず事実文を入れ、見解文、協力文、指導文、肯定文、調整文*からは1つあるいはいくつかを選択できる。
❼公式**に従って、指示より説明を多くする。
❽子どもの特性と興味・関心に合わせた書式スタイルで、字義通り正確に表現する。
❾本文の意味を補強する写真やイラストを挿入することもある。
❿タイトルは判断基準の全てに適合させる。

引用：キャロル・グレイ著　服巻智子訳・解説（2006）『「お母さんと先生が書くソーシャルストーリー™」新しい判断基準とガイドライン』クリエイツかもがわ

＊「事実文」は、客観的で正確な事実を述べます。「見解文」は、人の知識、考え、感情、動機、身体的状況などについて述べます。「協力文」は、他の人が何をどのように協力してくれるかを述べます。「指導文」は、ある状況や考えに関して、対応の選択肢や提案を述べます。「肯定文」では、多くの人々が共有している考えや決まりごとを肯定的に表現します。「調整文」は、学んだ情報を実際の状況で適用するために、子ども自身が考えて書きます。これらの文は、穴埋め式の「空欄文」で示すこともできます。

＊＊1つの指導文や調整文に対して、2つ以上の事実文・見解文・肯定文で構成します。指導文・調整文はなくても構いません。

■図表Ⅲ-6　ソーシャルストーリー文例

1.「あいての話がわからなかったとき」

　わたしは、あいての話をすぐに理解できないことがあります。

　その時は、「もう一度、言ってください」とたのむことができます。これは、よい考えです。

　なぜなら、だまっていると、わたしがわかっていないことを、理解してもらえないからです。

　そしてもう一度聞いたら、わかるかもしれないからです。

　「大事なことを、紙に書いてもらえますか?」とたのむこともできます。

　紙に書いてもらうと、大事なことをいつでもたしかめることができます。

2.「うわばきをはく」

　ぼくが通っている学校では、うわばきをはくことになっています。

　うわばきをはくと、足がよごれません。

　何かをふんで、足をけがすることもありません。

　だから、うわばきをはくのは、よい考えです。

　ぼくは、うわばきをはこうと思います。

■図表Ⅲ-7　絵カード交換コミュニケーションシステム（PECS）の6段階

第1段階
子どもは、1枚の絵カードを相手の手のひらにのせ、欲しいものと交換する。

第2段階
相手とコミュニケーションを続ける。1枚の絵カードを使って、コミュニケーションブックなどをとりいれる。ブックを開き、絵カードを取り出し、少し離れた相手へ持っていき、手のひらにのせ、欲しい物と交換する。このスキルを身につけることで、別の場所でも、別の人とでも絵カード交換ができるようになること、さらには、コミュニケーションを続けることができるようになることを学ぶ。

第3段階
絵を選ぶ。子どもは2枚以上の絵カードから好きな物を選ぶ。絵カードはすぐに取り出せて、入れ替えることのできるブックに入れる。まずは、好きな物と好きでない物の2枚の絵カードから、好きな物を選ぶところからはじめる。

第4段階
文（章）をつくる。子どもは、簡単な文が書いてある、取り外し可能な紙を使って、「欲しい」と書かれた絵の前に、欲しい絵カードを置く。より複雑な文章をつくる。文章に形容詞や動詞などを加え、より複雑な文章をつくることを学ぶ。

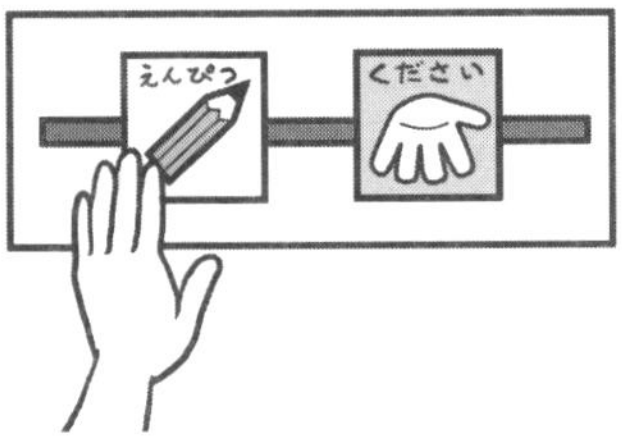

第5段階
質問に答える。「何が欲しい?」という相手の質問に対して、PECSを使って答える。

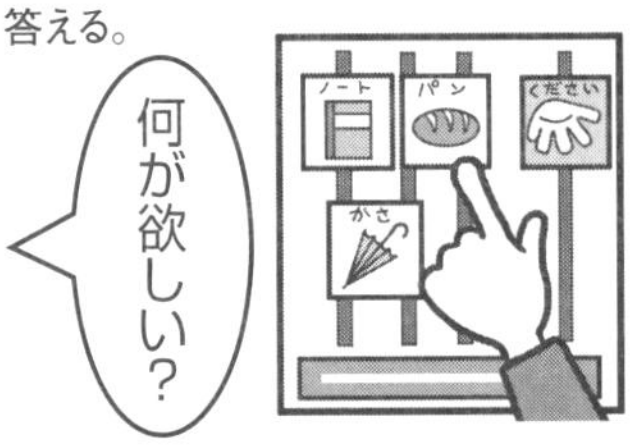

第6段階
意思を伝える。さまざまな質問（何が見える?　何が聞こえる?　これは何?など）に対して答える。

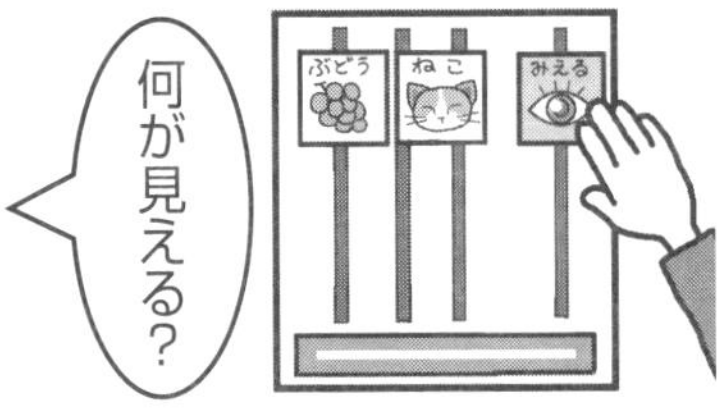

PECSは、自閉症や有意味語を話さない子どもでも比較的容易に学べて、一定の効果があるという報告がある一方で、発話を必要としないので、逆に言語発達を阻害してしまうのではないかという懸念があるのも事実です。しかし、近年の臨床および研究報告では、促進することはあっても、阻害することはないとされていて、今でも多くの支持を得ています。

■図表Ⅲ-8　太田ステージ　各ステージとその認知的定義

Stage	定　義	おおよその認知発達年齢
StageⅠ	シンボル機能が認められない段階	1歳半くらいまで
StageⅡ	シンボル機能の芽生えの段階	1歳半から2歳くらい
StageⅢ-1	シンボル機能がはっきりと認められる段階	2歳半前後
StageⅢ-2	概念形成の芽生えの段階	3歳から4～5歳
StageⅣ	基本的な関係の概念が形成された段階	4～5歳から7～8歳くらい
StageⅤ以上	上記より上の段階	7～8歳より上

太田ステージとはなんですか?

自閉症研究者である太田昌孝氏らが考案した、認知発達治療で用いられる発達の段階分けを太田ステージと呼びます。療育の理論や方法までを包括して使われることもあります。

認知発達治療は、「発達段階に合った活動を提供すれば、本人は情緒的に安定するとともに自ら学ぶ意欲を持ち、伸びる力を最大限に発揮できる」という考えのもとに具体的な療育を実践します。できないことを訓練するのではなく、各発達段階における子どもの認知特徴を尊重して共感的に接しながら、自ら考え新しいことを取り入れる力を育てることが療育者の基本姿勢です。

発達段階の見極めには、太田ステージ評価（言語解読能力検査改訂版、LDT-R）を用います。検査用具は、3枚の図版と身近な道具いくつかで、数分で評価できます。評価の結果は、前ページの図表Ⅲ-8のように6段階に大別され、定型発達で何歳くらいの認知発達段階かを判断できます。

各段階には具体的な目標や課題、対応の大まかな指針が整理されています。たとえば、ステージⅠからⅢ-1では言語の理解が不充分なので、言葉かけとともに具体物を示し見通しを持てるようにする、Ⅲ-2では言葉で行動を調整することを目指す、Ⅳ以上では思考が活発になってくるので、十分対話しつつ導くよう配慮する、などです。

太田ステージをうまく使いこなすためには、背景となる発達理論や障害特性に関する多くの知識が必要ですが、指針に忠実に従って実践すれば、はじめて発達障害児・者にかかわる人でも、その対応を大きく外さずにすむ点で有用です。また、それぞれの実践を深め、他者と共有しやすくなります。

1990年頃、東京大学医学部附属病院で開発されてから今日まで、自閉症の幼児の療育から学齢期・成人期の認知発達治療に用いられ、また教育や福祉・保健の場へとその対象を広げてきました。診断や年齢にかかわらず、発達段階と特徴に合わせて本人の可能性を追求してゆく療育的対応を目指し、今なお開発途上にある治療理論です。

ペアレントトレーニングとはなんですか?

ペアレントトレーニングとは発達障害（特にADHD）の子どもにおこなう親のための支援法です。米国でおこなわれた大規模な比較研究（Multimodal Treatment Study of ADHD：MTA研究）ではADHDには薬物治療がもっとも有効という結論がだされましたが、同時に米国で開発された、薬剤とは異なった治療アプローチに注目が集まっています。それは、ADHDのある子どもへの直接の治療ではなく、親がいかに上手にADHDのある子どもを育てるかという、行動変容理論に基づく、親の機能を強化する訓練法です。

いざよい親になろうとしても、実際なかなか思うような行動も効果的なことばも出てきません。練習が必要な理由です。例えるならば、いくら上手に泳ぐ方法という本を読んでも、実際に泳げるようにはなりませんから、やはりプールに入ってコーチに手ほどきを受けるしかないのと同じかもしれません。ポイントを簡単にまとめたものを図表Ⅲ-9に示しました。

わが国のペアレントトレーニングには、肥前方式親訓練プログラム、UCLAの方法を導入した奈良県立医大方式あるいは国立精神神経センター精神保健研究所で工夫された通称精研方式などがあります。ADHDの支援組織であるNPOえじそんくら

■図表Ⅲ-9　ペアレント・トレーニングのポイント

①悪循環を断つ!

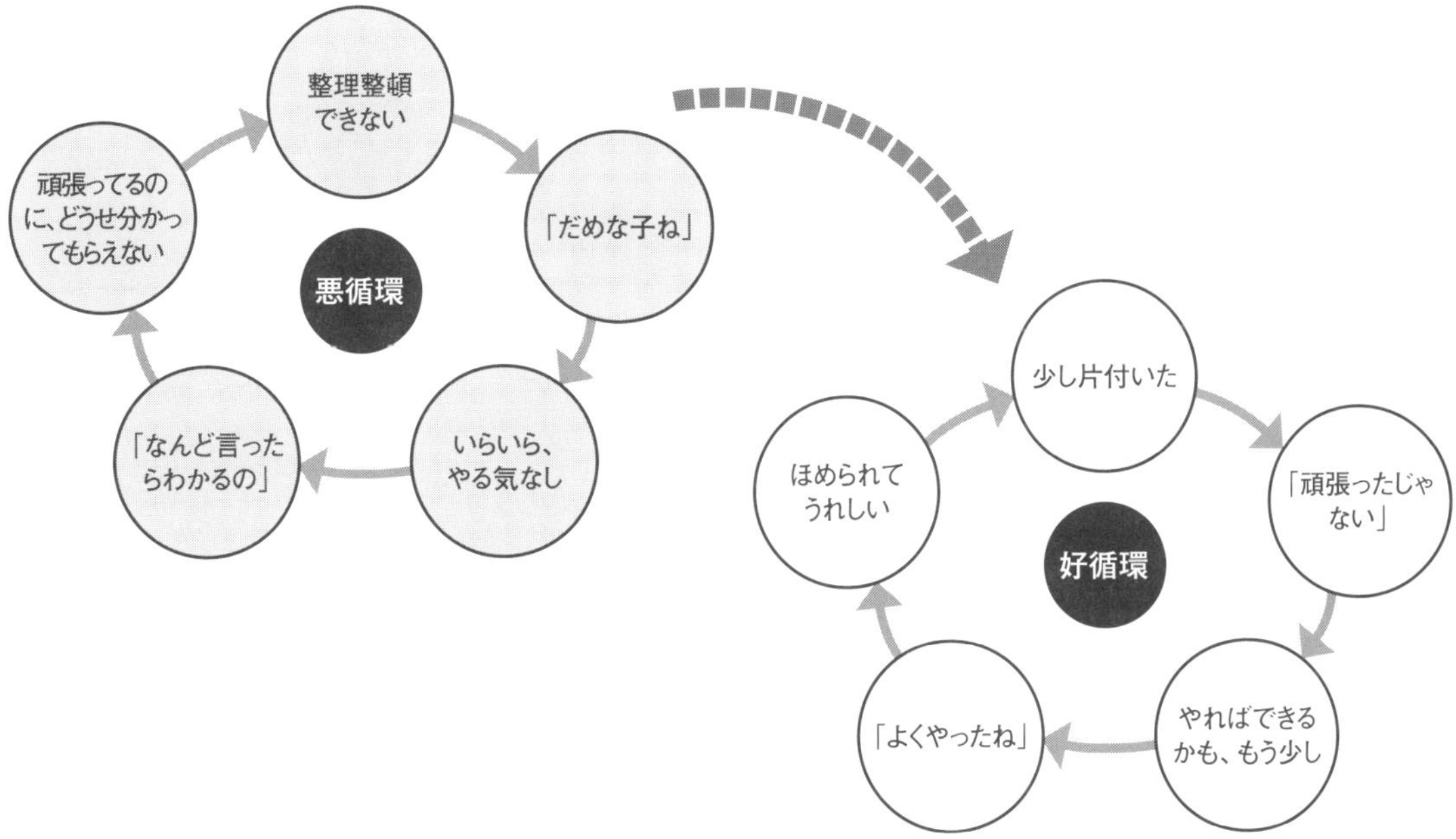

②よい行動を見つけ出す

やってほしい行動とやめてほしい行動のリストをつくる
本人すべて（Aちゃんすごいね）ではなくて、望ましいその行動（片づけできてすごいね）をほめる
ほめるのは直後に、的確に、感情を込めて

③よくない行動を減らす

些細な行動なら無視（反応しない）もあり
実行するまで同じ指示（例:すぐ手を洗いなさい）を繰り返す——ブロークンレコードテクニック
特典をなくする、参加させない——タイムアウト

ぶでもおこなわれています。

これらは、親（多くは母親）のグループを作り、複数のトレーナーが指導し、毎週あるいは隔週のセッション（60分前後）を10回程度おこなう点では共通しています。各セッションは、テーマごとに話し合ってADHDへの理解を深め、そして模擬場面での練習（ロールプレイ）と次回までに家庭で実行すべき宿題が出されます。付随して、親同士の連帯感と子育ての悩みを共有できるという効果も期待できます。

最近では、教師対象の「ティーチャートレーニング」の試みも始まっています。

遊戯療法（プレイセラピー）とはなんですか？

遊戯療法は、子どものための心理療法の1つで、遊びを通しておこなわれるのが特徴です。遊びは子どもの心身の成長にとって大切なことですが、その遊びの持っている力を心の治療のために活用するのです。

子どもは自分自身の気持ちや不安を言葉で表現することに限界があるので、遊びの中でそれらを表現する可能性に注目して考案されました。適用年齢は3、4歳から11、12歳までとされています。

初期の遊戯療法は主に神経症の子どもが主な対象でしたが、現在では発達障害の子どもに対しても適用されています。遊戯療法には、子どもが自発的で能動的に遊ぶ中で感情や不安を創造的な形で表現し、それによって、子どもが嫌な体験とそれにともなう感情や不安を処理するのを助ける機能があります。また、信頼できる治療者との関係の中で、十分に認められて対応されることによって、子どもの自己理解を深めることや、自尊心を高める働きがあります。

この他にも、対人関係の形成や社会性の発達、感情発達を助ける機能があります。

いずれにしても、遊戯療法は、安心できる場所で、治療者との信頼関係を軸にして継続的におこなわれることによって、はじめて有効に作用します。

カウンセリングとはなんですか？

カウンセリングとは、何らかの援助を求めている人に対して、その領域の専門知識を持っている人が、コミュニケーションによって援助することをいいます。よく知られているのは、心理カウンセリングです。

心理カウンセリングには、その人の人格の発展や変容を目的とした心理療法的カウンセリングと、心理学の知識と技能に基づいて、友だちづきあいや勉強のしかた、進路や職業適性に関する知識を与え、問題を抱えている人自身が適切に判断したり行動したりするのを援助する指導的カウンセリングがあります。

子どもたちに対しても、どちらのタイプのカウンセリングも適用できます。カウンセラーは、カウンセリングをおこなう場合に、以下の5つの基本的な態度を身につけていることが必要です。

❶かかわりと傾聴：子どもにていねいにかかわり、よく話を聞くこと

❷**共感**：子どもの心の状態や体調、ものの考え方などに触れ、理解したことを伝えること
❸**受容**：子どもに対して肯定的な関心を抱き続けること
❹**明確化**：適切に質問することによって、子どもが自分自身の行動や気持ち、悩みについて明らかにするのを助けること
❺**整理・伝達・提示**：理解したことをよく整理し、子どもにわかりやすい言葉で提示すること

応用行動分析（ABA）とはなんですか？

応用行動分析療法は、心理学の学習理論をもとに開発された応用行動分析（Applied Behavior Analysis：ABA）を利用した心理療法です。米国の心理学者バラス・スキナーをはじめとする行動主義の考えから発展したものです。

応用行動分析療法は、社会性を重視し、短期間の本人の行動変容だけではなく、行動が変わったことでその人自身や周囲の人びと、あるいは二者の間でどのような相互作用による影響を与えるかを考慮します（**応用**）。

また、行動自体に焦点を当て、その人が「言っている」ことではなく、あくまでも行動の変化を目的とします。その人の問題行動への考え方が変化しただけでは不十分で、変化した行動は、客観的に測定されます（**行動**）。

行動変容が起きるごとに、新たな行動が確立するまで測定が継続され、つぎに行動変容が起きる際に再度測定されます（**分析**）。

こうした応用行動分析の理論をはじめて自閉症の療育に取り入れたのが応用行動分析療法です。

以下のような目的で使われます。

●望ましい行動を教える（コミュニケーション、食事・排泄などの生活スキル、他）
●望ましい行動を維持・般化させる（家庭や学校で適切な行動がとれるようにする）
●問題行動（自傷、他害、こだわりなど）を減らす

〈引用　http://www.children-center.jp/aba.shtml〉

たとえば、セラピストがA（先行刺激）をおこない子どもがB（行動）をしたときに、C（結果）が子どもにとってよいものであればその行動は強化され増え、嫌なものであればその行動は減少します。

AとCの部分を変化させることによって、不適応行動を望ましい行動へと変えていきます。

■参考
日本行動分析学会
（http://www.j-aba.jp/）
チルドレン・センター
（http://children-center.jp/index.shtml）
カウンセリングオフィス　クローバーリーフ
（http://www.heartcompany.co.jp/）

ロヴァス法とはなんですか？

ロヴァス法は応用行動分析をモデルとした早期集中介入法です。カリフォルニア大学ロサンゼルス校のI・ロヴァス博士によって開発され、2006年には「長期予後縦断研究」が報告されています。

子どもの癇癪《かんしゃく》、身体的攻撃、ものを壊す、自傷行為などの問題行動を減らし、子どもの言語能力を伸ばし、親や他の子どもとの対人交流をうながすことを目的としています。

臨床家と親、子どもとの間に相互信頼を築き、自由な感情の交流がおこなえる関係（ラポール＝rapport）を確立することを第一目標とし、一対一のかかわりから療育が

■図表Ⅲ-10　ロヴァス法の８つの原則

❶積極的なかかわり——子どもが好きな活動を用いることでまず積極的なかかわりを促進させる。積極的なかかわりは、子どもからの些細《ささい》なコミュニケーションにも反応していくことでもある。

❷動機づけ——子どもが見慣れたものを用いて、子どもひとりひとり違った強化因子（学習理論用語で、目標とする行動が起きやすくするための報酬などを指す。報酬などを与える行為自体が強化）を用いることで、動機づけを高める。

❸成功——漸次《ぜんじ》的接近法（学習理論用語で、目標とする行動に向かって、少しずつ段階を区切って、それぞれの段階を登っていくことで、目標に達する方法）によって、強化することで成功するという体験を積み重ねるが、それらはじょじょにプロンプト（目標とする行動を起こさせるためのきっかけを与えること）を出す、あるいは消去していく。

❹親の参加——親の参加は必須である。親を訓練することで自信を持たせ、子どもが起きている間、家庭、学校および遊びの場といった、ほとんどの時間を療育環境とするために協力してもらう。

❺要求——要求はできるだけ早い段階でうながすことが肝要である。

❻表出言語——話し、言葉を理解することは、対人関係能力の基本である。

❼模倣——模倣も必須であり、他の子どもを観察することで、子どもに模倣を促させる。

❽遊び——対人交流および協同遊びを療育に取り入れる。遊びを促進させるため、まず、兄弟や親戚とのかかわりからはじめ、園や学校での他の子どもとのかかわりと広げていく。

始まります。→図表Ⅲ-10

アンガー・マネジメントとはなんですか?

アンガー・マネジメントは、認知行動療法に基づいて怒りのコントロール力を向上させる治療プログラムで、主にグループで実施されます。発達障害がある子どもにおこなう場合は、楽しめる活動（ゲーム、パズル、クイズなど）を通しておこなわれ、怒りの矛先を変え、対人関係の善悪の理解を促します。

アンガー・マネジメントを通じて、なぜ子どもが混乱し、好ましくない形で怒りとして表現しているのかを見極めることがポイントです。

アンガー・マネジメントの12の留意点

❶はっきりと簡単な言葉かけをおこなう
❷子どもの名前を呼ぶ
❸選択肢を減らし、簡単に選べるようにする
❹一貫性を高める（くり返しおなじ言葉で話しかける）

■図表Ⅲ-11　感情をコントロールする方法の例

参考：日本アンガーマネジメント協会

❺予防として、あらかじめ、子どもが怒りを生じる状況にならないように心がける

❻子どもに「こうしてほしい」という期待をあまりしないようにする

❼子どもへの要求は極力しないようにする

❽子どもの生活環境を変える

❾怒りが生じないような要因を増やす

❿線引きをはっきりとする（ルールを決めるなど）

⓫感情のコントロールの発達をうながす（具体的な方法はロールプレイの中などで、身につけていきます）

⓬モデルを示したり、よくできた時にはほめる

アンガー・マネジメントのプログラムとして、タイムアウト法、STB（Stop. Thinking and Breathe）、ロールプレイによる練習、ワークシート使用による宿題、ストレスマネジメント法などがあります。

感覚統合療法とはどのようなものですか？

感覚統合療法はアメリカの作業療法士、ジーン・エアーズ博士によって体系化されたもので、とくに発達障害のある子どもの発達支援に用いられています。アメリカでも日本でも、作業療法士がその中心的役割を担っています。

感覚統合とは、身体の外や中から送られてくるさまざまな感覚情報を意味ある情報として整理し、環境に適応したり働きかけたりする脳の働きを意味します。

感覚統合の研究では、発達障害のある子どもたちは感覚の極端な過敏性や気づきにくさ（これを感覚統合の用語では感覚調整障害と呼びます）や、不器用さ（これを感覚統合の用語では行為機能障害と呼びます）が見られることをあきらかにしました。つまり、動く、触る、力を入れる、見る、聞くなどさまざまな感覚情報の処理につまづきが見られることが多いことが報告されています。

感覚統合理論ではこれが子どもの行動や情緒の安定、運動や学習などの発達に影響を及ぼしていると考えます。そこで、個々の子どもに応じてさまざまな感覚情報を豊かに、時にはしぼりながら、楽しく遊びの形で提供し、これらの能力の発達をうながすことを目的にしています。

→図表Ⅲ-12参照

■図表Ⅲ-12　感覚統合の考え方をいかした遊び

いつも走り回っている子、くるくる回ることが大好きな子どもには体の揺れやスピード感を得られる遊びに挑戦してもらいます。
左はその1つの例で、タイヤに体を入れて大人が大きく左右に揺らしてあげる遊びです。その際、前方の高いところにタッチしたり、お手玉などを渡すなどの課題を設定することで重力にさからった背筋の活動や眼球の運動なども引き出すことができます。

屋外でブルーシートを敷き、その上にせっけん水などを泡立てて感触を全身で楽しむ活動です。どろんこ遊びが好きな子、体が汚れることに無頓着な子どもなどに向いています。また、ぐるぐる回ることが大好きな子にもよい遊びです。

感覚統合療法の3つの特徴

❶読み、書きなどの技能を直接指導するのではなく、これらの技能をうまく発揮できるような基礎的な脳の力を高めようとする
❷脳機能の発揮に欠かせない、自分の身体や環境からの感覚情報（動く、触る、力を入れる、見る、聞くなど）の調整に注目する
❸さまざまな活動の中で、脳が能動的に情報を取り込み、それをうまく処理できるよう適応反応を引き出す

感覚統合療法は、機械を用いた一律の訓練ではなく、正式なトレーニングを受けたセラピストによって個々人の状況に合わせて、綿密な活動のプランが作成され、指導がおこなわれます。

同時に、日常の子育てや療育、教育の中でこの考え方を生かすことをセンソリーダイエットと呼び、ブランコやどろんこ遊びなどの日常の遊びやお米研ぎ、洗車や荷物運びなどのお手伝い、乗馬やハイキングなどの野外での趣味的な活動など、楽しく夢中になれる活動を個人の障害特性に合うように調整し、日常生活の中でも子どもの元気な発達をうながすことにこの考え方を活かすことも大切にします。

第2章

特別支援教育

特別支援教育とはなんですか?

2007年度から、障害のある子どもの教育は、障害の程度などに応じ特別の場で指導をおこなう「特殊教育」から、障害のある子どもひとりひとりの教育的ニーズに応じて適切な教育的支援をおこなう「特別支援教育」への転換が図られました。

特別支援教育は、障害のある子どもの自立や社会参加に向けた主体的なとりくみを支援するという視点に立ち、子どもひとりひとりの教育的ニーズを把握し、彼らが持っている力を高め、生活や学習上の困難を改善または克服するため、適切な指導や必要な支援をおこなうものです。

これまでの特殊教育の対象の障害だけでなく、通常の学級に在籍する知的な遅れのない学習障害(LD)、注意欠陥多動性障害(ADHD、注意欠如多動症)、高機能自閉症(自閉スペクトラム症)なども含めて、すべての幼稚園、小学校、中学校、高等学校、中等教育学校などにおいて、教育上特別の支援を必要とする子どもに対し、障害による学習上または生活上の困難を克服するための必要な教育的支援がおこなわれるとされています。

したがって、特別支援教育は、「特別支援学校」「特別支援学級」「通級指導教室」、そして「通常の学級」とすべての学校教育機関でおこなわれるものです。

特別支援教育はどのように実施されるのですか?

●特別支援教育実施のための体制整備(文部科学省調査から)

❶校内委員会の設置状況、開催回数
❷実態把握の実施状況
❸特別支援教育コーディネーターの指名、連絡調整等の実施状況
❹個別の指導計画の作成状況
❺個別の教育支援計画の作成状況
❻巡回相談員の活用状況

■図表Ⅲ-13 幼稚園、小学校、中学校、高等学校における発達障害のある生徒への教育支援体制整備状況調査結果（平成29年）

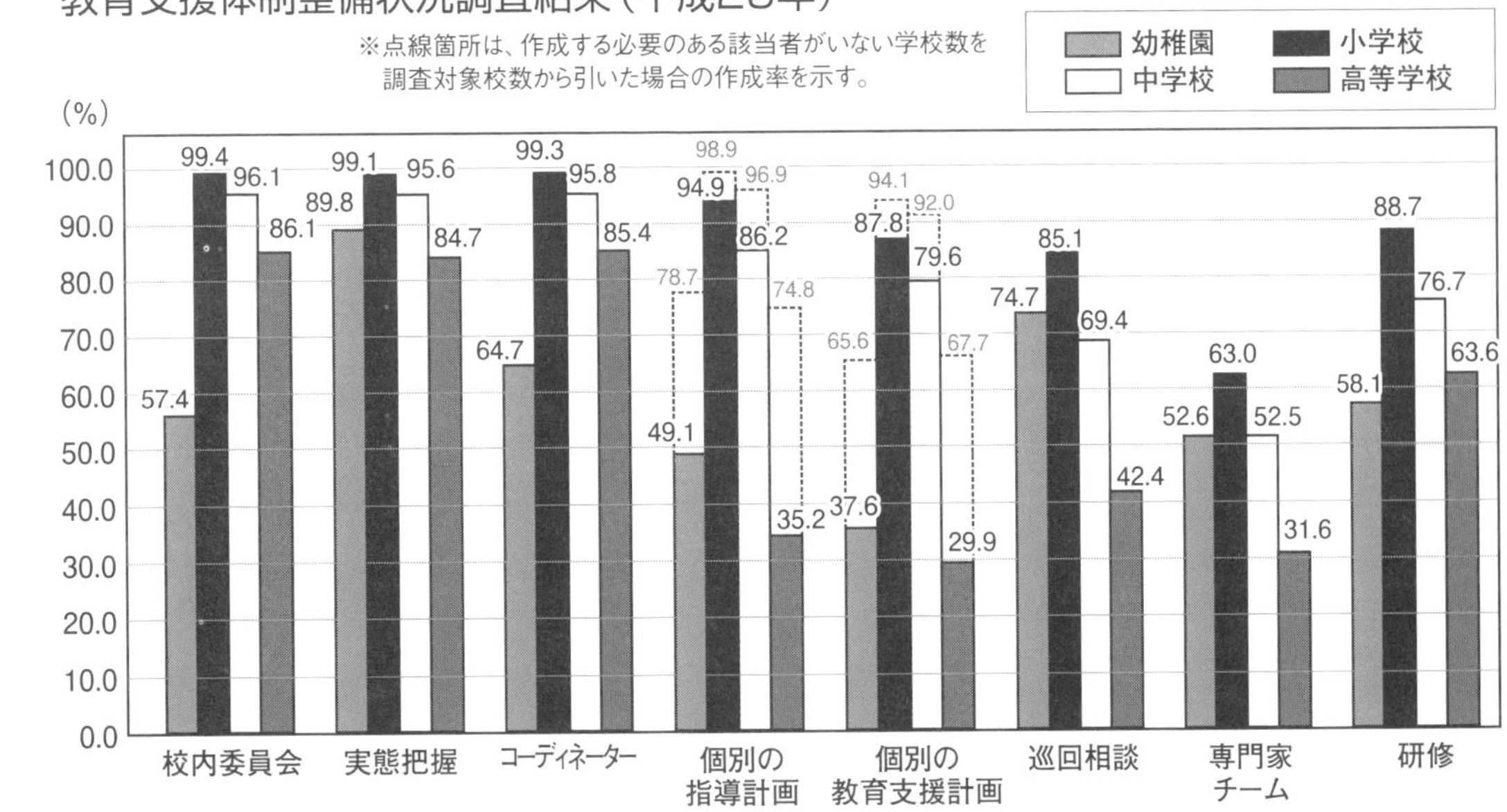

❼専門家チームの活用状況
❽特別支援教育に関する教員研修の受講状況

図表Ⅲ-13は、文部科学省が毎年実施している「特別支援教育体制整備状況調査」の平成25年度の結果です。公立小・中学校においては、「校内委員会の設置」「実態把握」「特別支援教育コーディネーターの指名」といった基礎的な支援体制はほぼ整備されており、今後は障害のある児童生徒一人一人に対する支援の質を一層充実させることが課題となっています。また、公立小・中学校に比べ、幼稚園・高等学校における体制整備、私立学校における体制整備はまだ十分とは言えない状況にあります。

通級による指導とはなんですか?

通級による指導とは、小・中学校の通常の学級に在籍している言語障害、情緒障害、弱視、難聴などの障害がある児童生徒のうち、比較的軽度の障害がある子どもに対しては、各教科などの指導は主として通常の学級でおこない、一方で、個々の障害の状態に応じた特別の指導（「自立活動」や「各教科の補充指導」を特別の指導の場（例えば通級指導教室）でおこなう教育形態を指します。

１９９３年に制度化され、２００６年には学習障害、注意欠陥多動性障害が新たに通級の対象として加えられました。制度化以降、通級による指導の対象者は年々増加しており、初年度には約1万2千人だったものが、２０１２年度には7万人を超える子どもが指導を受けています。→図表Ⅲ-14

通級による指導の対象になる子どもとは?

通級による指導の対象になるのは、言語障害、自閉症、情緒障害、弱視、難聴、学習障害（ＬＤ）、注意欠陥多動性障害（ＡＤＨＤ）、肢体不自由、病弱・身体虚弱などの子どもたちです。→図表Ⅲ-15

ただし、特別支援学級（→99ページ参照）や特別支援学校（→100ページ参照）に在籍する子どもたちは通級による指導の対象とはなりません。

■図表Ⅲ-14　通級による指導を受けている児童生徒数の推移（障害種別／公立小・中学校合計）

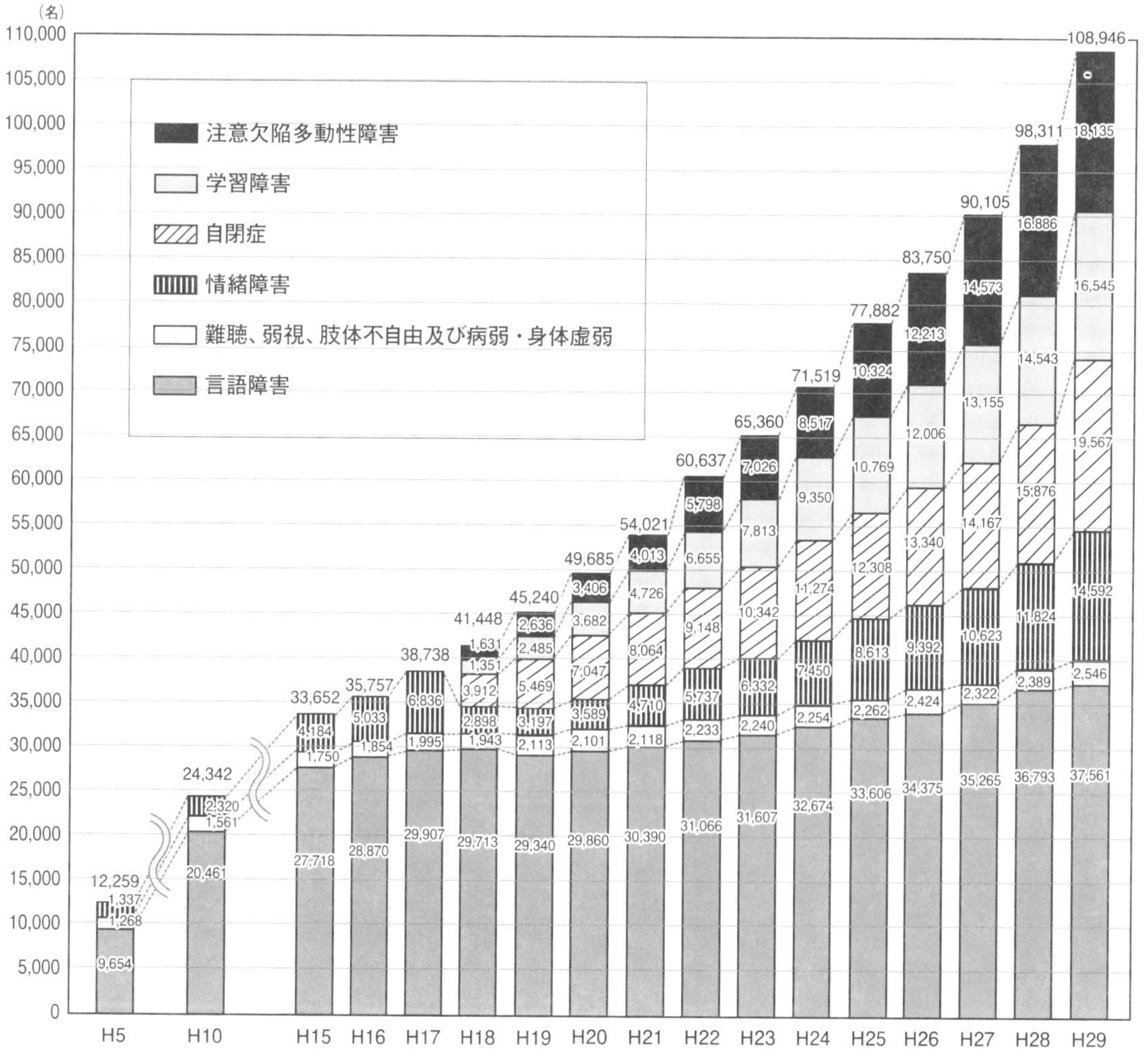

※各年度５月１日現在
※「注意欠陥多動性障害」及び「学習障害」は、平成18年度から通級指導の対象として学校教育法施行規則に規定
（併せて「自閉症」も平成18年度から対象として明示：平成17年度以前は主に「情緒障害」の通級指導の対象として対応）

■図表Ⅲ-15　通級による指導を受けている児童生徒数（平成29年）

（単位：名）

	計	言語障害	自閉症	情緒障害	弱視	難聴	学習障害	注意欠陥多動性障害	肢体不自由	病弱・身体虚弱
小学校	96,996	37,134	16,737	12,308	176	1,750	13,351	15,420	100	20
中学校	11,950	427	2,830	2,284	21	446	3,194	2,715	24	9
合計	108,946 (100%)	37,561 (34.5%)	19,567 (18.0%)	14,592 (13.4%)	197 (0.18%)	2,196 (2.0%)	16,545 (15.2%)	18,135 (16.6%)	124 (0.11%)	29 (0.03%)

これは、小・中学校の通常の学級での学習におおむね参加でき、一部特別な指導を必要とする程度の障害を抱える子どもたちに対して、障害の状態の改善または克服することが通級による指導の目的とされているからです。

通級による指導内容はどういうものなのですか?

通級による指導は、特別な教育課程の編成によっておこなわれます。障害の状態の改善または克服を目的とする「自立活動」が中心となりますが、とくに必要があるときは「各教科の補充指導」をおこなうことができます。

指導時間については、自立活動と各教科の補充指導を合わせて年間35単位時間(週1単位時間)からおおむね年間280単位時間(週8単位時間)以内が標準とされています。

なお、学習障害(LD)と注意欠陥多動性障害(ADHD)の場合は、月1単位時間程度でも指導上の効果が期待できる場合があることから、下限が年間10単位時間とされています。

通級による指導の対象かどうかの判断基準はなんですか?

学習障害(LD)と注意欠陥多動性障害(ADHD)の子どもについては、通級による指導を受けなくても、通常の学級における教員の適切な配慮やチーム・ティーチングの活用、学習内容の習熟の程度に応じた指導の工夫をすることによって、対応できるケースが少なくありません。

通級による指導をおこなうには、校内委員会(一般に管理職、養護教諭、学年代表の教諭、特別支援学級や通級担当教諭、特別支援教育コーディネーターなどで構成)でその必要性を検討するとともに、教育委員会などに設けられた専門家チーム(一般に大学教官、医師、臨床心理士などで構成)や巡回相談などを活用します。

通級による指導の対象かどうかの判断は、医学的な診断の有無のみにとらわれることのないよう留意し、校内支援体制の整備も含めて総合的な見地から判断することになっています。

通級による指導では、小・中学校の通常の学級に在籍する比較的軽度の障害がある子どもたちに対して、個々の困難な状態に応じた特別の指導をおこない、各教科の指導は主として通常の学級でおこなわれます。通級する子どもの日常生活の場である家庭や学校での適応状態の改善を図るための指導が日常の生活場面で生かされるためには、子どもへの指導だけでなく、保護者への支援や在籍学級の担任との連携が大変重要になります。

特別支援学級とはなんですか?

特別支援学級は、通常の学級における指導では十分に効果を上げることがむずかしい比較的軽度な障害のある児童生徒のため、小・中学校に障害の種別ごとに置かれる少人数の学級(8人を上限)であり、知的障害、肢体不自由、病弱・身体虚弱、弱視、難聴、言語障害、自閉症・情緒障害の学級があります(学校教育法第81条)。

基本的には小学校、中学校の学習指導要領に基づいて学習しますが、障害の種類や程度によりとくに必要がある場合は、特別支援学校の小学部・中学部の内容を参考に学習します。居住地の学区に設置されていない場合は、近隣の市町村の設置校に就学することになります。

■図表Ⅲ-16　特別支援学校対応障害種別学校数、設置学級基準学級数及び在籍幼児児童生徒数

	学校数	学級数	在籍幼児児童生徒数（人）				
			計	幼稚部	小学部	中学部	高等部
視覚障害	82	2,167	5,317	199	1,550	1,228	2,340
聴覚障害	116	2,818	8,269	1,141	2,935	1,853	2,340
知的障害	776	30,823	128,912	247	37,207	27,662	63,796
肢体不自由	350	12,474	31,813	102	13,578	8,381	9,752
病弱・身体虚弱	149	7,521	19,435	38	7,306	5,158	6,933

※この表の学級数及び在学者数は、特別支援学校で設置されている学級を基準に分類したものである。複数の障害種を対象としている学校・学級、また、複数の障害を併せ有する幼児児童生徒については、それぞれの障害種ごとに重複してカウントしている。

特別支援学校とはどんなところですか？

特別支援学校は、視覚障害者、聴覚障害者、知的障害者、肢体不自由者、または病弱者（身体虚弱者を含む）に対して、幼稚園から高等学校に準ずる教育（幼稚部、小学部、中学部、高等部、「高等部の専攻科」）を施すとともに、障害による学習上または生活上の困難を克服し自立を図るために必要な知識技能を授けることを目的（学校教育法第72条）として各都道府県などが設置している学校です。

学校教育法の改正によって、「盲学校」「聾学校」「養護学校」に区分されていた制度が、2007年4月1日から「特別支援学校」に名称が変更、一本化されました。特別支援学校の教育は、ひとりひとりの特別な教育的ニーズに応えていくという特別支援教育の理念に基づきおこなわれるとされています。特別支援学校では、障害が重い、あるいは障害が重複していることによって専門性の高い教員や特別な施設・設備などが必要になります。

また、特別支援学校は、地域の小・中学校などにおける特別支援教育に関して、地域の支援センターとしての機能を持ち、その役割を担います。日本で特別支援学校・学級が何校設置され、何人在籍しているのかを図表Ⅲ-16に示しました。

新学習指導要領と特別支援教育

2008年の小学校・中学校学習指導要領の改訂のポイントは、学校全体で特別支援教育にとりくむための校内支援体制の整備、ひとりひとりの実態などに応じた指導の充実、交流、共同学習の推進などが挙げられます。たとえば、特別支援学校のセンター的機能の活用、個別の指導計画及び個別の教育支援計画の作成の推進、教師間の連携によるチーム支援の重要性などが述べられています（小学校学習指導要領第1章第4　指導計画の作成などに当たって配慮すべき事項）。

また、小学校には特別支援学級や通級による指導を受ける障害のある子どもたちとともに、通常の学級にも学習障害（LD）、注意欠陥多動性障害（ADHD）、自閉症などの障害のある児童が在籍しており、これらの子どもたちについては、障害の状態などに即した適切な指導をおこなわなければ

ならないことが記されています（小学校学習指導要領解説総則編）。中学校学習指導要領にも同様な記述があります。

特別支援学校学習指導要領とはなんですか？

特別支援学校学習指導要領（特別支援学校幼稚部教育要領、特別支援学校小学部、中学部学習指導要領、特別支援学校高等部学習指導要領）は、２００９年３月に改訂されました。特別支援学校の新学習指導要領では、子どもたちの「生きる力」をよりいっそう育むことを目指し、変化の激しいこれからの社会を生きるために、確かな学力、豊かな心、健やかな体の知・徳・体をバランスよく育てることが大切だと強調されています。→図表Ⅲ―17

特別支援学校学習指導要領解説 自立活動編では、障害の重度・重複化、発達障害を含む多様な障害に応じた指導を充実するために、「自立活動」の指導内容に「人間関係の形成」に関する内容が新たに追加されました。

今回の改訂により、特別支援学校においては個別の指導計画と個別の教育支援計画の作成が義務づけられました。

また、高等部の専門教科として「福祉」を新設し、職業教育や進路指導の充実を図ることが規定されました。障害のある子どもと障害のない子どもとの交流及び共同学習を計画的・組織的におこなうことも規定されています。

インクルーシブ教育とはなんですか？

インクルーシブとは、「すべてを含む」「包み込む」という意味です。つまりインクルーシブ教育（inclusive education）とは、すべての子どもが学区の通常の学校教育から排除されることなく、人種や言語の違い、経済的な制約など、多様なニーズがあっても、制約の少ない形で通常の教育に包括されるべきであるという教育理念です。

インクルーシブ教育は、「サマランカ宣言」（→次項参照）にうたわれ、２０１４年に日本で批准された障害者権利条約でも「障害を理由として教育制度一般から排除されないこと」と明記されています。これは、障害があっても学区の通常の学校で教育を受けられる（フルインクルージョン）場の提供の問題だけではありません。インクルーシブ教育では、子どもが学習に実質的にアクセスできることを重視しています。

そのために、通常の学級では、多様性を認める学級運営、学びやすい環境の整備、障害に対する合理的な配慮（アコモデーション）をおこなって、学習や集団生活に子どもたちを包み込んでいくこと（インクルージョン）が求められます。子どもたちの状態・ニーズに応じて、校内の通級による指導や特別支援学級を活用することも学校レベルでのインクルージョンといえます。

「サラマンカ宣言」とインクルーシブ教育

１９９４年、ユネスコとスペイン政府によって組織され、92の政府と25の国際組織の代表者によって開催された会議で「特別なニーズ教育における原則、政策、実践に関するサラマンカ宣言ならびに行動の枠組み（Salamanca Statement on principles, Policy and Practice in Special Needs Education and a Framework for Action）」が採択されました。「万人のための教育（Education for All）」の目的をさらに前進させるために、インクルーシブ教育の促進の重要性を確認しました。

■図表Ⅲ-17　特別支援学校学習指導要領などの改訂（2008年）のポイント

1.　今回の改訂の基本的考え方

幼稚園、小学校、中学校及び高等学校の教育課程の改善に準じた改善	障害の重度・重複化、多様化に対応し、一人一人に応じた指導を一層充実	自立と社会参加を推進するため、職業教育等を充実

2.　主な改善事項

障害の重度・重複化、多様化への対応

- 障害の重度・重複化、発達障害を含む多様な障害に応じた指導を充実するため、「自立活動」の指導内容として、「他者とのかかわりの基礎に関すること」などを規定
- 重複障害者の指導に当たっては、教師間の協力した指導や外部の専門家を活用するなどして、学習効果を高めるようにすることを規定

一人一人に応じた指導の充実

- 一人一人の実態に応じた指導を充実するため、すべての幼児児童生徒に「個別の指導計画」を作成することを義務付け
- 学校、医療、福祉、労働等の関係機関が連携し、ひとりひとりのニーズに応じた支援をおこなうため、すべての幼児児童生徒に個別の指導計画」を作成することを義務付け

自立と社会参加に向けた職業教育の充実

- 特別支援学校（知的障害）における職業教育を充実するため、高等部の専門教科として「福祉」を新設
- 地域や産業界と連携し、職業教育や進路指導の充実を図ることを規定

交流及び共同学習の推進

- 障害のある子どもと障害のない子どもの交流及び共同学習を計画的・組織的におこなうことを規定

●すべての子どもは教育への権利を有しており、満足のいく水準の学習を達成し維持する機会を与えられなければならない
●すべての子どもが独自の性格、関心、能力および学習ニーズを有している。こうした幅の広い性格やニーズを考慮して、教育システムが作られ、教育プログラムが実施されるべきである
●特別な教育ニーズを有する人びとは、そのニーズに見合った教育をおこなえるような子ども中心の普通学校にアクセスしなければならない
●インクルーシブ（inclusive）な方向性を持つ普通学校こそが、差別的な態度とたたかい、喜んで受け入れられる地域を創り、インクルーシブな社会を建設し、万人のための教育を達成するためのもっとも効果的な手段である。さらにこうした学校は大多数の子どもたちに対して効果的な教育を提供し、効率をあげて結局のところ教育システム全体の経費節約をもたらすものである

　などの教育理念が盛り込まれています。

海外の日本人学校ではどのような支援システムがありますか？

日本人の子どもが海外で学ぶ学校には、日本人学校、私立在外教育施設、現地校、インターナショナルスクールがあります。現地校やインターナショナルスクールに通いながら、学校が休みの日に日本語で授業を受けることができる補習授業校もあります。多くの日本人学校では特別支援教育コーディネーター*が指名され、特別支援教育の理念に基づいた教育が取り組まれてきています。

　しかし、日本人学校の運営は私立学校とおなじであるため、先生の数や教室の利用なども含め、特別支援教育のとりくみについては各学校の設置者の判断に任されています。特別支援学級の設置に関しても設置者の判断で決定されます。特別支援教育にかかわる教師の派遣や教材の援助などは、設置者より文部科学省に要請がある場合に、予算の範囲内で派遣、提供されることになっています。

　そのため、特別支援学級を設置し特別支援教育をおこなっている学校はまだ少なく、国内で受けてきた個別的な支援や指導

Keyword

＊特別支援教育コーディネーターとPDCAサイクル：特別支援教育コーディネーターは校内の特別支援教育推進のため、校内委員会・校内研修の企画・運営、関係機関と学校との連絡・調整、保護者からの相談の窓口などの中核的な役割を担います。特別支援教育は、全校体制の組織的な取り組みをどのように機能させていくかが重要であり、特別支援教育に関する専門性の高い教員が一人で担うものではありません。特別支援教育は、学校全体の組織的、計画的な取り組みが求められます。組織による共通理解のもと限られた時間で効果的に効率よく実践していくためには、PDCAサイクルのようなシステム化され、客観性のある仕組みを活用していくことが望まれます。

　PDCAサイクルは、Plan（計画）→Do（実行）→Check（評価）→Action（改善）という4つの過程で進められます。

　Actionから再びPlan→Do→Check→Actionのサイクルを繰り返すことで、評価をもとにして、校内支援体制の改善をめざしていくことを目的とします。

を日本人学校でも同様に求めるのはむずかしいのが現状です。

　発達障害のある子どもの場合は、通常の学級に在籍しながら、週に何時間か別な教室で個別指導を受けるなど、それぞれの学校の実情に合わせ可能な範囲の配慮が工夫されています。

障害者差別解消法とはなんですか?

　2013年6月「障害を理由とする差別の解消の推進に関する法律」（いわゆる「障害者差別解消法」）が制定され、2016年4月1日から施行されました。これは、国連の「障害者の権利に関する条約」の締結に向けた国内法制度整備の一環ですが、「全ての国民が、障害の有無によって分け隔てられることなく、相互に人格と個性を尊重し合いながら共生する社会の実現であり、障害を理由とする差別の解消を推進する」ことが目的として謳われています。

　21世紀に入って、わが国の教育界ではかつての特殊教育から特別支援教育への転換が一気に進みました。そうした動向の背景には、これら法律制定なども一貫して反映しています。

　この法律の施行によって、特別支援教育も導入期から本格的な充実期へ移行していくと思われます。大切なポイントは「インクルーシブ教育制度」と「合理的な配慮の提供」と言われています。この法律にある「差別」とは、「不当な差別的取扱い」と「合理的配慮をしないこと」、それ自体が差別になるのです。

第3章 支援する専門職・専門機関・福祉制度

発達障害かもしれないと思ったらだれに相談すればよいですか?

発達障害かもしれないと思ったら、保健所の保健師、幼稚園や保育園での担当教諭あるいは保育士、小学生ならスクールカウンセラーや特別支援教育コーディネーターとの相談が可能です。身近に適当な相談相手がいない場合、政令指定都市や都道府県に設置されている、発達障害者支援センターに相談するのもよいでしょう。しかし、このようなセンターに医師が常駐していることはまれで、診断となると専門医のいる医療施設を受診する必要があります。

したがって、保護者・関係者の相談を受ける専門職は、どこに専門医がいるかの情報を提供する必要があります。事前に地域の情報を把握しておくことが求められています。

発達障害児の相談先・医療機関はどこですか?

❶大学病院・子ども病院——すべての大学病院とは言えませんが、大部分の施設の小児科・精神科で発達障害の診断は可能でしょう。すべての子ども病院は発達障害を診る部門を持っています。ただし、いずれの専門機関も医療機関などからの紹介状があることが初診予約の条件になっていると思います。その意味では直接受診するのはむずかしいのです。

❷肢体不自由児の通園施設、重症心身障害児の入所施設などの福祉施設に併設している診療所——この類の診療所が発達障害を診ている場合があります。理学療法士、作業療法士、言語聴覚士、心理士などが配置されていて、相談することができます。

❸児童相談所に付属するクリニック——発達障害の診断と支援をおこなっています。福祉的処遇を決定するための施設ですが、保健所や教育相談機関からによって紹介されることがあります。

❹**療育センター**――発達障害を診断し、支援する専門施設です。療育センターを設置する都市が増えてきていますが、利用者の急増で受診まで数カ月、場合によっては、半年あるいは1年待ちの地域もあるようです。まだ設置している自治体が少なく、早急な整備が大きな課題になっています。

❺**小児科クリニック**――地域にある小児科クリニックに相談し、大学病院や子ども病院、あるいはその地域の基幹病院で、発達障害児を診る専門外来への紹介状を書いてもらいます。診断を急ぐ必要がある場合、このような医療機関が適切かもしれません。ただし、診断は可能でも、その後の支援はおこなっていないところも多いため、別途、支援が可能な受け入れ先を探す必要があります。

❻**その他の個人クリニック**――都市部では最近、発達障害児・者を専門にみる個人クリニックが開設されています。成人向けのメンタルクリニックを開業されている精神科医で発達障害を診断する医師、あるいは一般小児科医療をおこないながら、発達障害児の専門外来もおこなうという医師(大部分は小児神経科医)たちです。多くは予約制のため、診察まで待たされる可能性があります。本格的な指導や訓練には応じきれないクリニックもあると思います。

❼**発達障害者支援センター**――都道府県・政令指定都市には支援センター(127ページ参照。地域によって名称は異なります)が設置されています。まずは支援センターに連絡をして、相談先・受診先を照会するのがよいかもしれません。支援センターは医療機関ではありませんが、地域によっては「医療相談」という形で専門医の診断を受けられるケースもあります。ただし、多くのセンターでは青年期以降、あるいは成人期の相談が主体になっています。

学会の専門医リスト

発達障害にかかわるいくつかの学会が専門医制度を充実させてきました。3つの学会が発達障害児を診ることができる専門医リストを作成しています。ホームページから地域の専門医の情報を得ることができます。一部、巻末に一覧表を載せましたので参考にしてください。

●日本児童青年精神医学会　認定医
http://child-adolesc.jp/nintei/ninteii.html

●日本小児神経学会　発達障害診療医師名簿
http://child-neuro-jp.org/visitor/sisetu2/images/hdr/hattatsulist.pdf

●日本小児精神神経学会　認定医
www.jspn.jp/goukakusya.pdf

これらのリストには大学や研究施設に所属する専門医も掲載されています。実際に発達障害の臨床をおこなっているか、直接照会してください。

脳の専門医、心療内科への相談

発達障害が脳に関係する障害だとすれば、神経内科や脳外科が発達障害を診断する可能性も考えられます。例外はあると思いますが、これらの専門医は成人の神経疾患を専門にしていますので、発達障害の診断と訓練を求めるのはむずかしいと思われます。ただし、脳波や脳の画像診断などの検査ができる可能性はあります。

発達障害は心の問題ともいえますので、心療内科が発達障害を診断する可能性も考えられます。例外はあると思いますが、やはり成人の心身症が専門医である可能性は少ないと思われます。最近、心療内科、精神科でも成人の発達障害を診るようになっていますが、子どもの発達障害にはまだ手が届かないようです。

診断、診療に保険はきくのですか？　受診料はいくらくらいかかるのですか？

診察医がどのような機関に所属しているかによります。通常の医療機関なら、原則医療保険が適用され、費用の3割を負担することになります。

多くの自治体には乳幼児医療費補助制度があります。適用になれば個人負担分は無料となるでしょう。所得と年齢に制限があるので、その点はお住まいの自治体の窓口で問い合わせてください。

児童相談所などの福祉施設や大学付属の教育相談機関にも専門医がいる場合があります。福祉相談や教育相談なら費用はかからないはずです。相談の前に確認してください。

もし、薬物治療などで継続的に医療機関を利用したいが、前述の医療補助制度の適用とならない場合は、自立支援医療制度の利用が可能です。市町村の障害福祉担当の窓口で診断書用紙を入手して、担当医に作成を依頼してください。初診から6カ月を経過したなら申請できます。所得制限がある場合があるので確認が必要です。診療施設と調剤薬局が指定されますが、診断名にかかわる治療に限って個人負担は1割に減額されます。1年ごとの更新、2年ごとの再診断が必要になります。診断書料金と診察頻度を検討した上で申請する、あるいは更新するかどうかを決めてください。

障害者手帳の交付はされますか？

我が国では、身体障害者のため、知的障害者のため、そして精神障害者のための3種類の手帳制度があります。

発達障害児・者の場合は、原則身体障害者手帳は適用外となります。もし、子ども（18歳未満）に知的障害があると判定されるなら、療育手帳（東京都の場合：愛の手帳）が交付されます。その判定は児童相談所でなければ認められません。

神奈川県のみの特例措置があります。自閉症、アスペルガー症候群、自閉症候群という診断書を添えれば、境界知能域（知能指数91以下）でも療育手帳（B２）が交付されています。他の自治体ではこの特例はないので、通常のＩＱ値70～75以下で療育手帳が交付されるでしょう。

知的障害との判定が得られないので手帳を取得できない、あるいは2年ごとの更新判定で非該当となる場合がありました。しかし、障害者基本法の改正によって、発達障害児・者は精神障害者の枠内で支援できることになりました。つまり、精神障害者保健福祉手帳の取得が可能となったのです。ただし、障害福祉制度としては、療育手帳の方が手厚いので、療育手帳の取得をまず考えてみましょう。もし、精神障害者保健福祉手帳を取得することになったら、前述の障害者自立支援医療の適用も受けることができます。

義務教育期間中ならば、進路の決定に手帳の有無は関係ないのですが、知的障害児を対象とした特別支援学校高等部への進学を目指すなら、療育手帳がなければ入学はできません。もともと手帳がない方と、以前は持っていたが非該当となっている方は中学校期に判定を受けてみることをおすすめします。取得できるかもしれません。いずれ

■図表Ⅲ-16　精神障害者保健福祉手帳の等級

1級	精神障害であって、日常生活の用を弁ずることを不能ならしめる程度のもの
2級	精神障害であって、日常生活が著しい制限を受けるか、又は日常生活に著しい制限を加えることを必要とする程度のもの
3級	日常生活若しくは社会生活が制限を受けるか、又は日常生活若しくは社会生活に制限を加えることを必要とする程度のもの

■図表Ⅲ-17　知的障害（愛の手帳）判定基準表（6歳から17歳までの児童の場合）

項目		1度（最重度）A1	2度（重度）A2	3度（中度）A3	4度（軽度）A4
知能測定値	標準化された知能検査、社会生活能力検査又は乳幼児用の精神発達検査を用いた結果、算出された知能指数及びそれに該当する指数について、右の程度別に判定すること。	IQ19以下	IQ20 ～ 34	IQ35 ～ 49	IQ50 ～ 75
学習能力	知識の習得能力について、右の程度別に判定すること。	簡単な読み、書き、計算も不可能。	簡単な読み書き、計算でもほとんど不可能。	簡単な読み、書き、計算が部分的に不可能。	簡単な読み、書き、計算がほぼ可能。
作業能力	絵画、制作、その他の作業の能力について、右の程度別に判定すること。	簡単な手伝いなどの作業も不可能。	作業のうち、簡単な手伝いや使いが可能。	指導のもとに作業が可能。	単純な作業が可能。
社会性	対人関係の理解、集団的行動の能力について右の程度別に判定すること。	対人関係の理解が不可能。	集団的行動がほとんど不可能。	対人関係の理解及び集団的行動がある程度可能。	対人関係の理解及び集団的行動がおおむね可能。
意思疎通	言語及び文字を通しての意思疎通の可能な度合いについて、右の程度別に判定すること。	言語による意思疎通がほとんど不可能。	言語による意思疎通がやや可能。	言語が未発達で文字を通しての意思疎通が可能。	日常会話（意思疎通）が可能。また簡単な文字を通した意思疎通が可能。
具体的健康	身体の発達、その健康状態又は合併症等に関する健康上の配慮について、右の程度別に判定すること。	特別の治療、看護が必要。	特別の保護が必要。	特別の注意が必要。	健康であり、特に注意を必要としない。
日常行動	日常行動の状況について、右の程度別に判定すること。	日常行動に支障及び特別な傾向があり、常時保護及び配慮が必要。	日常行動に支障があり、常時保護及び配慮が必要。	日常行動にたいして支障はないが、配慮が必要。	日常行動に支障はなく、ほとんど配慮を必要としない。
基本的生活	食事、排泄、着脱衣、入浴、睡眠等みずからの身辺生活の処理能力について、右の程度別に判定すること。	身辺生活の処理がほとんど不可能。	身辺生活の処理が部分的に可能。	身辺生活の処理が概ね可能。	身辺生活の処理が可能。

かの手帳を持っているなら、障害者枠での就労の適用となります。この点では手帳の優劣はありません。

発達障害の子どもを支援する専門職にはどんなものがありますか？

発達障害には、限局性学習症（ＬＤ）、注意欠如多動性症（ＡＤＨＤ）、自閉スペクトラム症などがあります。これら発達障害と総称される子どもたちの支援にあたっては、医療、教育、福祉、心理学など、さまざまな専門領域のかかわりが必要です。

ＡＤＨＤなどは投薬による行動の変化が見られる場合も多いので、（→53ページ参照）医師や看護師、公認心理師、養護教諭など、医療的支援と教育的支援の連携はまず基本です。また、さまざまな家庭環境の子どもも増えており、介護や福祉の専門職がかかわる必要のある子どももいます。

生活の具体的指導となると、言語聴覚士や作業療法士、さらには視能訓練士などの参加もサポートとして必要となります。子どもだけでなく保護者に対するカウンセリングやスクールカウンセラーなどの役割を果たすなども重要です。心理師（士）には、国家資格である公認心理師の他、臨床心理士や特別支援教育士、臨床発達心理士、学校心理士など民間の有資格者もおり、こうした専門的支援を担ってきました。

心理師（士）などはどのようなことをする人ですか？

学校生活におけるさまざまな問題について、カウンセリングやアセスメントなどを通して、子ども、保護者や教師、学校に対して、専門的知識と技能をもって心理教育的援助サービスをおこなう人です。

具体的には、学校・学級不適応、不登校、いじめなどのカウンセリングあるいは教育相談、心理検査の実施とそれに基づいた診断、ＬＤの指導などの、発達的支援が必要である方への個別的援助及び子どもの援助をします。

心理師（士）の中には、幼小中高など学校、特別支援学級、特別支援学校などの教育現場で活躍してきましたが、２０１８年から公認心理師の国家試験が開始されました。また、教育委員会、教育センター、教育相談所などで活躍している方や教育委員会の依頼を受けて、アセスメントや相談業務に従事している人もいます。

臨床心理士はどのようなことをする人ですか？

日本には心の問題に取り組む職種として、心理カウンセラー、サイコセラピスト、心理相談員などがいますが、それぞれに明確な資格があるわけではありません。それに対して「臨床心理士」は民間資格で、全国のスクールカウンセラーの資格要件とされています。学校、医療機関、裁判所などの司法機関、行政の相談所など幅広く活躍しています。

おもに精神疾患や心身症、不適応行動などへの援助をします。とりわけ学校では、いろいろな事情で登校がむずかしかったり集団行動に困難のある生徒やその保護者の心理相談に応じています。

教育センターでは、生徒や保護者の心理相談をおこなうほか、適応指導室での指導も実施しています。

臨床発達心理士はどのようなことをする人ですか？

臨床発達心理士は、一般社団法人臨床発達心理士認定運営機構が認定する民間資格です。発達をめぐる問題を面接や心理テスト、行動観察を通して判断し、子どもから大人まで、生涯にわたり支援します。

病院、診療所、精神保健福祉センター、保健所、保健センター、リハビリテーションセンター、老人保健施設などに所属して、子育て、気になる子ども、障害、社会適応などの問題に対応します。

具体的には、以下のような支援活動をおこなっています。

●育児不安、虐待、不登校、引きこもりなどの現代的問題への支援
●「気になる子」のような健常と障害との境界の問題への支援
●自閉症、知的障害、LD（学習障害）、ADHD（注意欠陥多動性障害）などの発達障害への支援
●社会適応や成人期・老年期などの問題への支援
●子育て支援、次世代健全育成への支援

特別支援教育士はどのようなことをする人ですか？

特別支援教育士は、"Special Educational Needs Specialist"、略して「S・E・N・S（センス）」と呼ばれます。クラスの中でひとりひとりの子どもが「どこでつまずいているのか」「どう教育するのか」の視点をしっかり持ってかかわることができる特別支援教育の専門家です。

また、特別支援教育士の資格を取得後、2年以上経過した人の中からすぐれた人に与えられる、特別支援教育士スーパーバイザー「S・E・N・S-SV」という資格も存在します。

特別支援教育士には、以下のような能力が求められます。

❶支援を必要としている子どもに「気づく」ことができる
❷子どものニーズを正確に、客観的に把握することができる
❸個別の指導計画を作成することができる
❹個別の指導計画に基づき、子どもの特性に合わせて指導を実施することができる
❺指導の経過を振り返り、指導の効果を客観的に測定することができる
❻家族や担任教師など子どもの周囲の人たちへの支援をすることができる
❼関係機関と適切に連携することができる
❽支援における倫理について熟知している

理学療法士はどのようなことをする人ですか？

理学療法士（Physical Therapist：PT）はケガや病気などで身体に障害のある人に対して、基本動作能力（座る、立つ、歩くなど）の回復や維持、および障害の悪化の予防を目的に、運動療法や物理療法（温熱、電気などの物理的手段を治療目的に利用するもの）などを用いて、自立した日常生活が送れるよう支援する医学的リハビリテーションの専門職で、寝返る、起き上がる、立ち上がる、歩くなどの日常生活をおこなう上で基本となる動作の改善を目指します。

関節可動域の拡大、筋力強化、麻痺の回復、痛みの軽減など運動機能に直接働きかける治療法から、動作練習、歩行練習などの能力向上を目指す治療法まで、動作改善に必要な技術を用いて、日常生活の自立を目指します。

医療従事者（コ・メディカルスタッフ）の一員で、作業療法士（OT）言語聴覚士（ST）、視能訓練士（ORT）と共に、リハビリテーション職と称されるうちの1つです。厚生労働大臣の免許を受け、医師の指

示の下に、「理学療法」をおこないます。

理学療法士は国家資格であり、免許を持った人でなければ名乗ることができません。理学療法士は主に病院、クリニック、介護保険関連施設などで働いています。中には専門性を生かし、プロスポーツのチームに属している理学療法士もいます。理学療法士は発達障害のある子どもの身体能力の改善をサポートする役割を果たしています。

作業療法士はどのようなことをする人ですか？

作業療法士（Occupational Therapist：OT）は、理学療法士（PT）、言語聴覚士（ST）、視能訓練士（ORT）等と同様、リハビリテーションに関連する職業の1つです。病院など医療の中では厚生労働大臣の免許を受けて働きます。作業療法は対象や仕事のしかたが幅広いのが特徴で、赤ちゃんからご老人まで、身体の障害からこころのケアまでを専門にしています。

その中で、子どものケアをする作業療法士は、近年、病院や入所施設だけでなく、児童デイサービスや保育園、学校など医療の場以外でも活躍するようになってきています。

たとえば、「友だちと遊びたい」「学校に楽しく行きたい」との子どもの望みを例にして、作業療法士の活動のしかたを紹介してみます。まず、その子の望みの実現を妨げている要素を分析する必要があります。そのために、子どもの発達特性を知るための検査や観察、情報収集を行います。また、保護者や関係者との面談を通して関連情報も集めます。その結果、子どもの発達特性として、「不器用でみんなと一緒にボール遊びができない」「ルールが理解できない」「相手に合わせる力が足りない」などの問題や、その子を取り巻く環境の問題として、「近所に同年代の子どもがいない」「学校では忙しくてみんなと遊ぶ暇がない」なども明らかになるかもしれません。さらには、その子にとって課題の「ルールが複雑すぎる」「技術がむずかしすぎる」こともありえます。

作業療法士は、これらの「発達特性」と「課題」および「環境」のミスマッチに注目し、子どもが能動的に楽しくかかわることができる活動（大抵の場合、遊び活動）を通して子どもの体や物を操作する力を育てる支援をしたり、活動の見通しや自信をつけてもらうなど、子どもに直接的に支援をおこなう他、環境や課題に対して、保護者や学校の先生と話し合って皆と楽しめる簡単な遊びが学校や家庭でできる機会をつくる応援もできます。

このように作業療法士はこころやからだ、年齢に関係なく幅広い仕事をしますが、日本では子どもの領域で働く作業療法士がまだとても少ないのが現状です。

言語聴覚士はどのようなことをする人ですか？

言語聴覚士（Speech Therapist：ST）は、人が人として社会の中で生きていく時に必要な、話す・聞くなどコミュニケーションに問題のある子どもに必要なことを支援します。医療、福祉、教育の現場で、（リ）ハビリテーションや教育に従事しています。

言葉が出ない・言葉がつながらない・発音がはっきりしない・流暢《りゅうちょう》に話せない・聞こえにくいなど、子どものさまざまな言葉の相談を受け、言葉の検査、発音の検査・聞こえの検査などを実施し、子どもに必要なことを直接指導したり、保護者や担任の先生にアドバイスをしたりします。

また、読む・書くなどの学習に問題がある子どもへの指導・支援もします。さらに、食べることが困難な子どもに、どうしたら食べやすくなるのか、どのような食べ物だったら食べられるかなどの摂食・嚥下《えんげ》の指導もします。発達障害のある子どもだけでなく、病気や事故で言語障害が残った子どもの支援も言語聴覚士の仕事です。

厚生労働大臣の免許を受けた国家資格で、2013年3月現在、国家資格のある言語聴覚士は全国に約2万2千人います。各地の療育センター、病院、福祉施設、教育機関などで仕事をしています。

障害を受容することはむずかしいのですか？

本人、また本人の家族にとって障害に対する受け止め方は一様ではありません。障害があるとわかって疑問がとけたという人もいれば、障害があることを受け止めたくない、という人もいます。

一般に、障害を受容することのむずかしさが説かれることは多いものです。しかし、「障害を受容する」とは、どういうことを意味しているのでしょうか？「つまずきや困難さを障害として受け止めることかつ障害というものを自分の現実として受け入れること」でしょうか？ 自分の中の差別意識との闘い」と語った保護者がいました。障害受容という言葉には、本人及び保護者、家族などの当事者が、現在の状態を障害として受け止め、これからの適切な対処の方向性をみつけていくという意味があるように思います。

発達障害のある子どもの保護者はどういうことに悩んでいるのですか？

毎日、生活を共にしている保護者にとっては、子どもにはこうあってほしいという期待が強いため、できることが当たり前で、苦手な面についての特性を見えにくくしてしまいます。保護者が子どもに何らかの発達上の疑問を感じても、「障害」という言葉に対する不安感があり、なかなか専門機関への相談や指導を受けるきっかけがつかめないのが現実です。

何とかしたいという気持ちの焦りから、苦手なことを無理強いしていたり、注意や叱責を繰り返してしまったりするなど、取り組めているところよりも、できていないところにばかり注目しがちになり、子どもの良さを認める機会が少なくなってしまいます。

子どもに対する不適切な対応が繰り返されると、子どもの不安定さは増し、不適応行動がさらに目立ってきてしまいます。その結果、子どもとの関係だけでなく、家族間の人間関係もぎくしゃくしてしまい、子育てに疲れてしまっている保護者に出会うことが少なくありません。ほかにも、子どもが他人の子どもにケガをさせるなどして、いつも先生や他の保護者に謝罪ばかりする結果になり、家の外でも悩んでいることがあります。

支援にあたって、学校と保護者はどのような関係を心がけるべきですか？

保護者と担任や学校の間に安心して話ができる信頼関係が大切です。日頃から連絡帳などで情報交換を行ない、保護者が担任に話しやすい雰囲気をつくっておくことがとても大切です。学校が家庭のしつけの問題ばかりを指摘し、保護者が学校の対応への不満を述べることに終始するという関係では課題の解決は何も望めません。

子どもについての情報を共有し、適切な対応について一緒に考えていく姿勢が肝心です。子どもの状態がよくわかっている担任の先生が保護者との連携の中心となりますが、子どもによっては学年の先生、保健室の先生や校長先生がかかわっている場合もあります。それぞれが断片的な情報からの話し合いにならないように、特別支援教育コーディネーターを中心に校内委員会や校内の相談体制を構築し、組織として適切な対応について考えることができるようにします。

早く結論を出そうと解決を焦り目先の対応になるよりも、保護者も含め複数の目で少し時間をかけてじっくり検討していくことが大切な場合も多いでしょう。

おわりに――DSM-5の診断名に関して

2013年5月、13年ぶりに米国精神医学会の診断基準（Diagnostic and Statistical Manual of Mental Disorders；DSM）が改訂されました。マスメディアでも取り上げられ、また、すでに日本語版が出版されているので、新しい診断基準のDSM-5の名前はご存知のことと思います。DSM-5では発達障害に関してどのような変更がなされたのでしょうか？

DSM-5に新たに設けられた章の表題があります。それが、従来の「医学の発達障害（Developmental Disorders）」に相当する、神経発達障害（Neurodevelopmental Disorders）です。両者の関係については本書の13ページで詳しく触れてありますのでご参照ください。

神経発達障害とはどのような考え方なのでしょう？　その内容を学ぶことで発達障害の理解が深まり、実際の支援に役立つと思います。

第1に、人の発達の早期に出現する状態です。多くは生得的であり、遅くとも大人になるまでに発生します。他の精神障害の大部分が成人期を中心に発生することと対比的です。

第2に、多様な状態像の集合体です。単一の神経発達障害という状態があるのではありません。英語では複数形が用いられ、日本語訳では「神経発達障害群」と表記されています。

第3に、何かの能力が低いというだけでなく、突出した高い能力を示す場合も含む状態です。つまり、能力に遅れのある人だけでなく、平均以上の能力を示す人の中にもあるのです。

第4に、それぞれの神経発達障害は重なりあって存在する状態となることもあります。例えば、自閉症だけ、ADHD（Attention-Deficit Hyperactivity Disorder）だけで存在するばかりでなく、両者が併存している場合があることです。

以上の4点が神経発達障害の特徴と記載されています。まさしく、発達障害の理解そのものであることがお分かりいただけるでしょう。

さて、DSM-5の日本語訳が日本精神神経学会の監修のもとで出版されたことも画期的な出来事でした。1980年にDSM-Ⅲが発表され、その診断名の日本語訳が1982年に出版されていますが、日本語版は一般書と同様に3名の研究者が翻訳を担当されました。その後のDSMも改訂されるたびに一般書と同様の扱いで日本語訳が出版されてきました。しかし、今回初めて学会訳が準備されたのです。それだけ精神医学の領域でDSMの重要度を増している、DSMの影響力が無視されなくなったためでしょう。

DSM-Ⅲの日本語訳では、それまでの精神疾患という理解から精神障害と表記する、Disorderを「障害」と訳す合意がなされています。一方、DSM-5の学会訳では「障害」という表記の語感が必要以上に親と本人に衝撃を与えることを配慮して「症」と翻訳する提案がなされました。例えば、学習障害を限局性学習症とするなどの提案です。

しかし、いまや発達障害という用語は精神医学のみばかりでなく、小児科学領域や教育・福祉領域でも扱われています。そのような観点から、日本精神神経学会のみの意見での変更に異論もあったようで、新たな提案の「症」と従来表記の「障害」を併記することになっています。

前置きが長くなりました。本書では、基本的には従来表記を採用し、日本精神神経学会提案の用語を併記することにしました。診断名の変更はあっても、おおむねDSM診断の内容は従来通りだからです。当然ですが、2005年施行の発達障害者支援法の定義も従来表記のままです。我が国の発達障害に関する用語が変更されるのは、ICD-11が発表される予定の2017年以降になると予想されます。あえて追加すると、すでに発達障害は医学の診断名からより一般的な用語となっているという認識があるからでもあります。

2014年11月

編者代表　原　仁

改訂版にあたって

２０１４年に本事典を上梓してから４年、発達障害の領域にいくつかの変化がありました。その中で２つ取り上げたいと思います。

第１は、２０１６年に「発達障害者支援法」が改正されたことです。本事典でも13年ぶりの米国精神医学会の診断基準であるＤＳＭの改訂（ＤＳＭ-５、２０１３）に対応して修正を行っていますが、この法律の改正前は、発達障害の法的定義（第２条）がＤＳＭ-５に基づいて大幅に変更されると予想されていました。しかし、具体的な診断名の変更はなく、「社会的障壁」という概念が追加されるに留まりました。

ご存知のように、この概念は「障害者差別解消法」に位置づけられていて、公的機関はこの障壁に対応して合理的配慮をする義務が生じることになりました。例えば、大学センター試験で事前に所定の手続きを行って、その申請が認められれば、別室で試験時間の延長、問題用紙の拡大、問題文の読み上げ、解答用紙のマークシートからの変更などの配慮がされるようになりました。

２０１８年５月の世界保健機関（ＷＨＯ）の会議で、新しい国際疾病分類の診断基準（International Statistical Classification of Diseases and Related Health Problems. 11th Edition: ＩＣＤ-11）が承認されました。今後我が国の公式診断名もＩＣＤ-11に基づいて整備されることになります（厚生労働省 https://www.mhlw.go.jp/stf/houdou/0000211217.html参照）。

現在使用されているＩＣＤ-10がＩＣＤ-11に切り替わる時期は不明ですが、おそらくその後にあるいは同時に法的定義に含まれる診断名が変更されるのでしょう。発達障害関連の診断名はほぼＤＳＭ-５の神経発達障害群と重なります。

ただし、ＩＣＤ-11の発達障害群の中にはチック症は含まれず、神経疾患群に分類されました。重症チックであるトゥレット症候群は発達障害と理解してもよいと思います。しかし、一過性あるいは単純性チック症を発達障害に含めるか否かが議論になったと思われます。発達障害に含まれる診断名の調整が必要になっています。なお、ＩＣＤ-11の翻訳作業のなかで若干の診断名の変更があるかもしれませんが、現時点で、本事典の表記や考え方を大幅に変える必要はないと思っています。

第２は、「大人の発達障害」という用語に注目が集まっていることです。成人の精神科領域の臨床で発達障害の診断を無視することはできなくなってきました。大人になってからクリニックを訪れる「発達障害」の診断を求める方々、あるいは従来の精神障害の背景に「発達障害」の潜在を指摘される方々が多くなったのです。

かつて発達障害という概念が子どもを対象とする臨床現場に導入された時と同様に、多少の混乱があるのが現状です。精神科医であれば誰でも発達障害の診断ができるとは限りません。成人精神医学の教育にもその教科書にも発達障害という言葉の詳しい説明はありませんでした。そうなると過少診断（よくわからない――多分違う）と過剰診断（よくわからない――多分そうでしょう）が混在してしまうのもやむを得ないのかもしれません。確かな診断が行われるまでには少し時間がかかりそうです。

大人の発達障害をめぐる状況で現在論争になっているのは、大人になって注意欠如・多動性障害（ＡＤＨＤ）と診断される人に関する話題です。最近のニュージーランドの疫学調査から明らかにされた驚くべき事実がその発端になりました。幼児期から30歳代後半まで追跡された１０００を超える集団の中で、成人期にＡＤＨＤと診断された人がいました。そのうち小児期にすでにＡＤＨＤと診断されていた人はわずか10％に過ぎませんでした。多くの大人のＡＤＨＤには小児期の症状が確認できない（気づかれない？）のです。いわゆる「大人のＡＤＨＤ」は思春期以降に新たに発症するのか、あるいは別の病態をＡＤＨＤと誤診しているのか今後議論されていくでしょう。

個人的な見解を述べます。大人のＡＤＨＤにはなぜか女性が多いことが指摘されてきました。子どものＡＤＨＤは圧倒的に男児優位（９～４：１）であるにもかかわらず、大人のＡＤＨＤの男女比はほぼ1対1です。しかし、その理由は不明のままでした。女性のＡＤＨＤの症状は表れにくく、診断可能になるのが遅いのかもしれません。

今後研究が進んで、なぜ大人と子どものＡＤＨＤ診断の一致率が低いのか、またなぜ大人のＡＤＨＤに女性が多いのかの説明も併せて行なわれることを期待しています。

２０１８年12月

社会福祉法人青い鳥小児療育相談センター

原　仁

巻末資料

参考文献

大井学　2006『高機能広汎性発達障害にともなう語用障害：特徴、背景、支援』「コミュニケーション障害学」VOL.23 NO.2、金沢大学
太田昌孝・永井洋子（編著）1992『自閉症治療の到達点』日本文化科学社
太田昌孝・永井洋子（編著）1992『自閉症治療の到達点2　認知発達治療の実践マニュアル　自閉症のStage別発達課題』日本文化科学社

特定非営利活動法人心の発達研究所（http://www.kokorosci.org/）
なかよしキッズステーション（NPO法人教育臨床研究機構）（http://www.n-kids.net/）
NPO法人つみきの会（http://www.tsumiki.org/）

発達障害者支援法

（平成十六年十二月十日法律第百六十七号）
最終改正　平成二四年八月二二日法律第六七号

第一章　総則

（目的）

第一条　この法律は、発達障害者の心理機能の適正な発達及び円滑な社会生活の促進のために発達障害の症状の発現後できるだけ早期に発達支援を行うことが特に重要であることにかんがみ、発達障害を早期に発見し、発達支援を行うことに関する国及び地方公共団体の責務を明らかにするとともに、学校教育における発達障害者への支援、発達障害者の就労の支援、発達障害者支援センターの指定等について定めることにより、発達障害者の自立及び社会参加に資するようその生活全般にわたる支援を図り、もってその福祉の増進に寄与することを目的とする。

（定義）

第二条　この法律において「発達障害」とは、自閉症、アスペルガー症候群その他の広汎性発達障害、学習障害、注意欠陥多動性障害その他これに類する脳機能の障害であってその症状が通常低年齢において発現するものとして政令で定めるものをいう。

2　この法律において「発達障害者」とは、発達障害を有するために日常生活又は社会生活に制限を受ける者をいい、「発達障害児」とは、発達障害者のうち十八歳未満のものをいう。

3　この法律において「発達支援」とは、発達障害者に対し、その心理機能の適正な発達を支援し、及び円滑な社会生活を促進するため行う発達障害の特性に対応した医療的、福祉的及び教育的援助をいう。

（国及び地方公共団体の責務）

第三条　国及び地方公共団体は、発達障害者の心理機能の適正な発達及び円滑な社会生活の促進のために発達障害の症状の発現後できるだけ早期に発達支援を行うことが特に重要であることにかんがみ、発達障害の早期発見のため必要な措置を講じるものとする。

2　国及び地方公共団体は、発達障害児に対し、発達障害の症状の発現後できるだけ早期に、その者の状況に応じて適切に、就学前の発達支援、学校における発達支援その他の発達支援が行われるとともに、発達障害者に対する就労、地域における生活等に関する支援及び発達障害者の家族に対する支援が行われるよう、必要な措置を講じるものとする。

3　発達障害者の支援等の施策が講じられるに当たっては、発達障害者及び発達障害児の保護者（親権を行う者、未成年後見人その他の者で、児童を現に監護するものをいう。以下同じ。）の意思ができる限り尊重されなければならないものとする。

4　国及び地方公共団体は、発達障害者の支援等の施策を講じるに当たっては、医療、保健、福祉、教育及び労働に関する業務を担当する部局の相互の緊密な連携を確保するとともに、犯罪等により発達障害者が被害を受けること等を防止するため、これらの部局と消費生活に関する業務を担当する部局その他の関係機関との必要な協力体制の整備を行うものとする。

（国民の責務）

第四条　国民は、発達障害者の福祉について理解を深めるとともに、社会連帯の理念に基づき、発達障害者が社会経済活動に参加しようとする努力に対し、協力するように努めなければならない。

第二章　児童の発達障害の早期発見及び発達障害者の支援のための施策

（児童の発達障害の早期発見等）

第五条　市町村は、母子保健法（昭和四十年法律第百四十一号）第十二条及び第十三条に規定する健康診査を行うに当たり、発達障害の早期発見に十分留意しなければならない。

2　市町村の教育委員会は、学校保健安全法（昭和三十三年法律第五十六号）第十一条に規定する健康診断を行うに当たり、発達障害の早期発見に十分留意しなければならない。

3　市町村は、児童に発達障害の疑いがある場合には、適切に支援を行うため、当該児童についての継続的な相談を行うよう努めるとともに、必要に応じ、当該児童が早期に医学的又は心理学的判定を受けることができるよう、当該児童の保護者に対し、第十四条第一項の発達障害者支援センター、第十九条の規定により都道府県が確保した医療機関その他の機関（次条第一項において「センター等」という。）を紹介し、又は助言を行うものとする。

4　市町村は、前三項の措置を講じるに当たっては、当該措置の対象となる児童及び保護者の意思を尊重するとともに、必要な配慮をしなければならない。

5　都道府県は、市町村の求めに応じ、児童の発達障害の早期発見に関する技術的事項についての指導、助言その他の市町村に対する必要な技術的援助を行うものとする。

（早期の発達支援）

第六条　市町村は、発達障害児が早期の発達支援を受けることができるよう、発達障害児の保護者に対し、その相談に応じ、センター等を紹介し、又は助言を行い、その他適切な措置を講じるものとする。

2　前条第四項の規定は、前項の措置を講じる場合について準用する。

3　都道府県は、発達障害児の早期の発達支援のために必要な体制の整備を行うとともに、発達障害児に対して行われる発達支援の専門性を確保するため必要な措置を講じるものとする。

（保育）

第七条　市町村は、保育の実施に当たっては、発達障害児の健全な発達が他の児童と共に生活することを通じて図られるよう適切な配慮をするものとする。

（教育）

第八条　国及び地方公共団体は、発達障害児（十八歳以上の発達障害者であって高等学校、中等教育学校及び特別支援学校に在学する者を含む。）がその障害の状態に応じ、十分な教育を受けられるようにするため、適切な教育的支援、支援体制の整備その他必要な措置を講じるものとする。

2　大学及び高等専門学校は、発達障害者の障害の状態に応じ、適切な教育上の配慮をするものとする。

（放課後児童健全育成事業の利用）

第九条　市町村は、放課後児童健全育成事業について、発達障害児の利用の機会の確保を図るため、適切な配慮をするものとする。

（就労の支援）

第十条　都道府県は、発達障害者の就労を支援するため必要な体制の整備に努めるとともに、公共職業安定所、地域障害者職業センター（障害者の雇用の促進等に関する法律（昭和三十五年法律第百二十三号）第十九条第一項第三号の地域障害者職業センターをいう。）、障害者就業・生活支援センター（同法第二十七条第一項の規定による指定を受けた者をいう。）、社会福祉協議会、教育委員会その他の関係機関及び民間団体相互の連携を確保しつつ、発達障害者の特性に応じた適切な就労の機会の確保に努めなければならない。

2　都道府県及び市町村は、必要に応じ、発達障害者が就労のための準備を適切に行えるようにするための支援が学校において行われるよう必要な措置を講じるものとする。

（地域での生活支援）

第十一条　市町村は、発達障害者が、その希望に応じて、地域において自立した生活を営むことができるようにするため、発達障害者に対し、社会生活への適応のために必要な訓練を受ける機会の確保、共同生活を営むべき住居その他の地域において生活を営むべき住居の確保その他必要な支援に努めなければならない。

（権利擁護）

第十二条　国及び地方公共団体は、発達障害者が、その発達障害のために差別されること等権利利益を害されることがないようにするため、権利擁護のために必要な支援を行うものとする。

（発達障害者の家族への支援）

第十三条　都道府県及び市町村は、発達障害児の保護者が適切な監護をすることができるようにすること等を通じて発達障害者の福祉の増進に寄与するため、児童相談所等関係機関と連携を図りつつ、発達障害者の家族に対し、相談及び助言その他の支援を適切に行うよう努めなければならない。

第三章　発達障害者支援センター等

（発達障害者支援センター等）

第十四条　都道府県知事は、次に掲げる業務を、社会福祉法人その他の政令で定める法人であって当該業務を適正かつ確実に行うことができると認めて指定した者（以下「発達障害者支援センター」という。）に行わせ、又は自ら行うことができる。

一　発達障害の早期発見、早期の発達支援等に資するよう、発達障害者及びその家族に対し、専門的に、その相談に応じ、又は助言を行うこと。

二　発達障害者に対し、専門的な発達支援及び就労の支援を行うこと。

三　医療、保健、福祉、教育等に関する業務（次号において「医療等の業務」という。）を行う関係機関及び民間団体並びにこれに従事する者に対し発達障害についての情報提供及び研修を行うこと。

四　発達障害に関して、医療等の業務を行う関係機関及び民間団体との連絡調整を行うこと。
五　前各号に掲げる業務に附帯する業務
2　前項の規定による指定は、当該指定を受けようとする者の申請により行う。

（秘密保持義務）
第十五条　発達障害者支援センターの役員若しくは職員又はこれらの職にあった者は、職務上知ることのできた個人の秘密を漏らしてはならない。

（報告の徴収等）
第十六条　都道府県知事は、発達障害者支援センターの第十四条第一項に規定する業務の適正な運営を確保するため必要があると認めるときは、当該発達障害者支援センターに対し、その業務の状況に関し必要な報告を求め、又はその職員に、当該発達障害者支援センターの事業所若しくは事務所に立ち入り、その業務の状況に関し必要な調査若しくは質問をさせることができる。
2　前項の規定により立入調査又は質問をする職員は、その身分を示す証明書を携帯し、関係者の請求があるときは、これを提示しなければならない。
3　第一項の規定による立入調査及び質問の権限は、犯罪捜査のために認められたものと解釈してはならない。

（改善命令）
第十七条　都道府県知事は、発達障害者支援センターの第十四条第一項に規定する業務の適正な運営を確保するため必要があると認めるときは、当該発達障害者支援センターに対し、その改善のために必要な措置をとるべきことを命ずることができる。

（指定の取消し）
第十八条　都道府県知事は、発達障害者支援センターが第十六条第一項の規定による報告をせず、若しくは虚偽の報告をし、若しくは同項の規定による立入調査を拒み、妨げ、若しくは忌避し、若しくは質問に対して答弁をせず、若しくは虚偽の答弁をした場合において、その業務の状況の把握に著しい支障が生じたとき、又は発達障害者支援センターが前条の規定による命令に違反したときは、その指定を取り消すことができる。

（専門的な医療機関の確保等）
第十九条　都道府県は、専門的に発達障害の診断及び発達支援を行うことができると認める病院又は診療所を確保しなければならない。
2　国及び地方公共団体は、前項の医療機関の相互協力を推進するとともに、同項の医療機関に対し、発達障害者の発達支援等に関する情報の提供その他必要な援助を行うものとする。

第四章　補則

（民間団体への支援）
第二十条　国及び地方公共団体は、発達障害者を支援するために行う民間団体の活動の活性化を図るよう配慮するものとする。

（国民に対する普及及び啓発）
第二十一条　国及び地方公共団体は、発達障害に関する国民の理解を深めるため、必要な広報その他の啓発活動を行うものとする。

（医療又は保健の業務に従事する者に対する知識の普及及び啓発）
第二十二条　国及び地方公共団体は、医療又は保健の業務に従事する者に対し、発達障害の発見のため必要な知識の普及及び啓発に努めなければならない。

（専門的知識を有する人材の確保等）
第二十三条　国及び地方公共団体は、発達障害者に対する支援を適切に行うことができるよう、医療、保健、福祉、教育等に関する業務に従事する職員について、発達障害に関する専門的知識を有する人材を確保するよう努めるとともに、発達障害に対する理解を深め、及び専門性を高めるため研修等必要な措置を講じるものとする。

（調査研究）
第二十四条　国は、発達障害者の実態の把握に努めるとともに、発達障害の原因の究明、発達障害の診断及び治療、発達支援の方法等に関する必要な調査研究を行うものとする。

（大都市等の特例）
第二十五条　この法律中都道府県が処理することとされている事務で政令で定めるものは、地方自治法（昭和二十二年法律第六十七号）第二百五十二条の十九第一項の指定都市（以下「指定都市」という。）においては、政令で定めるところにより、指定都市が処理するものとする。この場合においては、この法律中都道府県に関する規定は、指定都市に関する規定として指定都市に適用があるものとする。

発達障害の専門家や支援団体（URL/リスト）

●学会

日本発達障害学会　http://www.jasdd.org/
日本自閉症スペクトラム学会　http://www.autistic-spectrum.jp/
日本LD学会　http://www.jald.or.jp
日本特殊教育学会　http://www.jase.jp/
日本小児神経学会　http://child-neuro-jp.org/
日本児童青年精神医学会　http://child-adolesc.jp/
日本小児精神神経学会　http://www.jsppn.jp/

●発達障害情報・支援センター　http://www.rehab.go.jp/ddis/

●一般社団法人　日本発達障害ネットワーク加盟団体一覧（2017.6現在）

【正会員】（19団体）

NPO法人 アスペ・エルデの会
NPO法人 えじそんくらぶ
NPO法人 全国LD親の会
一般社団法人 日本自閉症協会
一般社団法人 日本LD学会
一般社団法人 日本臨床心理士会
日本自閉症スペクトラム学会
一般社団法人 日本作業療法士協会
日本感覚統合学会
一般社団法人 臨床発達心理士認定運営機構 日本臨床発達心理士会
一般社団法人 日本言語聴覚士協会
一般財団法人 特別支援教育士資格認定協会
NPO法人 つみきの会
公益社団法人 日本精神保健福祉士協会
一般社団法人 学校心理士認定運営機構・日本学校心理士会
TEACCHプログラム研究会
NPO法人 星槎教育研究所
一般社団法人 こども家族早期発達支援学会
一般社団法人 全日本自閉症支援者協会

【エリア会員】（39団体）

《北海道・東北ブロック》
NPO法人 ハーモニー
北海道高機能広汎性発達障害児者親の会「ドンマイの会」
北海道発達障害者支援センター あおいそら
アスペルガー基地 みらい
NPO法人 ことばを育てる親の会北海道協議会
認定NPO法人 みやぎ発達障害サポートネット
発達支援ひろがりネット
シエルの会
一般社団法人 ぶれいん・ゆに～くす

《関東ブロック》
NPO法人 おひさまクラブ
特定非営利活動法人　繭
所沢・発達障害児者を支援する会「よつばくらぶ」
狭山フレンズ
NPO法人 発達障害支援ネット「YELL」
一般社団法人 発達・精神サポートネットワーク Necco
特定非営利活動法人 エッジ
NPO法人 リソースセンター one
NPO法人　I am OKの会
IJの会（板橋区発達障害児者親の会）
NPO発達障害の会 神奈川オアシス
NPO法人 あではで神奈川
NPO法人 フトゥーロ　LD発達相談センターかながわ
NPO法人 日本トゥレット協会

《甲信越・東海ブロック》
NPO法人 アスペの会石川
発達障害児・者及び家族支援の会シーズ
NPO法人 四日市・子ども発達支援センター
滋賀ＬＤ教育研究会

《近畿ブロック》
ONLY ONEの会
奈良県高機能自閉症児・者の会「アスカ」
認定NPO法人 ノンラベル
アルクラブ
NPO法人 ピュアコスモ
NPO法人 あっと オーティズム
自閉症スペクトラム児・者を支援する親の会　オアシス

《中国・四国ブロック》
ラヴミントの会
NPO法人 エルマーの会
NPO法人 シンフォニーネット
社会福祉法人　来島会
ダンボクラブ（愛媛県高機能自閉症・アスペルガー症候群親の会）

【都道府県ネットワーク】（9団体）

JDDnet北海道
JDDnetいわて
JDDnet埼玉
日本発達障害ネットワーク福井
JDDnetながの
JDDnet滋賀
JDDnet大阪
JDDnet愛媛
JDDnetかごしま

【企業会員】

株式会社アストコ

【サポート会員】

桧山ビル株式会社

略語表（欧文表記）

AAC	Augmentative and Alternative Communication
ABA	Applied Behavior Analysis
ADD	Attention Deficit Disorder
ADHD	Attention Deficit Hyperactivity Disorder
ADHD-RS	Attention Deficit Hyperactivity Disorder-Rating Scale
ADI-R	Autism Diagnoetic lnterview-Revised
AS	Asperger syndrome
ASD	Autism Spectrum Disorders
BAP	Broader Autism Phenotype
CD	Conduct Disorder
DCD	Developmental Coordination Disorder
DD	Developmental Disorder
DMN	Default Mode Network
DSM	Diagnostic and Statistical Manual of Mental Disorders
GDD	Global Developmental Delay
HBD	Higher Brain Dysfunction
HFA	High-Functioning Autism
HFPDD	High-Functioning Pervasive Developmental Disorders
ICD	International Classification of Diseases
IEP	Individualized Educational Program
IQ	Intelligence Quotient
K-ABC	Kaufman Assessment Battery for Children
LD	Learning Disabilities
MBD	Minimal Brain Dysfunction
MRI	Magnetic Resonance Imaging
MTA	Multimodal Treatment Study of ADHD
NDD	Neuro Developmental Disorders
ODD	Oppositional Defiant Disorder
OT	Occupational Therapist
PDD	Pervasive Developmental Disorders
PDD-NOS	Pervasive Developmental Disorder-Not Otherwise Specified
PECS	Picture Exchange Communication System
PT	Physical Therapist
RAD	Reactive Attachment Disorder
SEN	Special Educational Needs
SENS	Special Educational Needs Specialist
SST	Social Skills Training
ST	Speech Therapist
TEACCH	Treatment and Education of Autistic and related Communication handicapped CHildren
WAIS	Wechsler Adult Intelligence Scale
WHO	World Health Organization
WISC	Wechsler Intelligence Scale for Children
WPPSI	Wechsler Preschool and Primary Scale of Intelligence

熊本県南部発達障がい者支援センター「わるつ」	〒866-0811 熊本県八代市西片町1660　熊本県八代総合庁舎2階	0965-62-8839
熊本市発達障がい者支援センター「みなわ」	〒862-0971 熊本市中央区大江5-1-1 ウェルパルくまもと2階	096-366-1919
大分県		
大分県発達障がい者支援センター「イコール」	〒870-0047 大分県大分市中島西1-4-14 市民の権利ビル202	097-513-1880
宮崎県		
宮崎県中央発達障害者支援センター	〒889-1601 宮崎市清武町大字木原4257-7 ひまわり学園内	0985-85-7660
宮崎県延岡発達障害者支援センター	〒889-0514 延岡市櫛津町3427-4　ひかり学園内	0982-23-8560
宮崎県都城発達障害者支援センター	〒885-0094 都城市都原町7171　高千穂学園内	0986-22-2633
鹿児島県		
鹿児島県発達障害者支援センター	〒891-0175 鹿児島市桜ヶ丘6-12　鹿児島県こども総合療育センター内	099-264-3720
沖縄県		
沖縄県発達障がい者支援センター「がじゅま～る」	〒904-2173 沖縄市比屋根5-2-17　沖縄小児発達センター内	098-982-2113

和歌山県		
和歌山県発達障害者支援センター「ポラリス」	〒641-0044 和歌山市今福3-5-41　愛徳医療福祉センター内	073-413-3200
兵庫県		
ひょうご発達障害者支援センター「クローバー」	〒671-0122 高砂市北浜町北脇519	079-254-3601
加西ブランチ	〒675-2321 加西市北条町東高室959-1	0790-43-3860
芦屋ブランチ	〒659-0015 芦屋市楠町16-5	0797-22-5025
豊岡ブランチ	〒668-0065 豊岡市戸牧1029-11	0796-37-8006
宝塚ブランチ	〒666-0035 宝塚市逆瀬川1-2-1 アピア1　4階	0797-71-4300
上郡ブランチ	〒678-1262 赤穂郡上郡町岩木甲701-42 地域障害者多目的作業所 フレンズ内	0791-56-6380
神戸市保健福祉局 発達障害者支援センター	〒650-0016 兵庫県神戸市中央区橘通3-4-1 神戸市立総合福祉センター 3階	078-382-2760
岡山県		
おかやま発達障害者支援センター	〒703-8555 岡山市北区祇園866	086-275-9277
おかやま発達障害者支援センター県北支所	〒708-8506 岡山県津山市山下53 美作県民局第1庁舎内	0868-22-1717
岡山市発達障害者支援センター	〒700-0905 岡山県岡山市北区春日町5-6　岡山市勤労者福祉センター 1階	086-236-0051
鳥取県		
『エール』鳥取県発達障がい者支援センター	〒682-0854 倉吉市みどり町3564-1 県立皆成学園内	0858-22-7208
島根県		
島根県東部発達障害者支援センター「ウィッシュ」	〒699-0822 出雲市神西沖町2534-2	050-3387-8699
島根県西部発達障害者支援センター「ウィンド」	〒697-0005 浜田市上府町イ2589「こくぶ学園」内	0855-28-0208
広島県		
広島県発達障害者支援センター	〒739-0001 東広島市西条町西条414-31　サポートオフィスQUEST内	082-490-3455
広島市発達障害者支援センター	〒732-0052 広島市東区光町2-15-55　広島市こども療育センター内	082-568-7328
山口県		
山口県発達障害者支援センター「まっぷ」	〒753-0302 山口市大字仁保中郷50	083-929-5012
香川県		
香川県発達障害者支援センター「アルプスかがわ」	〒761-8057 高松市田村町1114　かがわ総合リハビリテーションセンター 1階	087-866-6001
愛媛県		
愛媛県発達障害者支援センター「 あい♡ゆう」	〒791-0212 東温市田窪2135　愛媛県立子ども療育センター1階	089-955-5532
徳島県		
徳島県発達障がい者総合支援センター 「ハナミズキ」	〒773-0015 小松島市中田町新開2-2	0885-34-9001
徳島県発達障がい者総合支援センター「アイリス」	〒771-2106 徳島県美馬市美馬町字大宮西100-4	0883-63-5211
高知県		
高知県立療育福祉センター　発達障害者支援センター	〒780-8081 高知市若草町10-5	088-844-1247
福岡県		
福岡県発達障害者支援センター「ゆう・もあ」	〒825-0004 田川市夏吉4205-7	0947-46-9505
福岡県発達障害者支援センター「あおぞら」	〒834-0122 八女郡広川町一條 1361-2	0942-52-3455
福岡市発達障がい者支援センター「ゆうゆうセンター」	〒810-0065 福岡市中央区地行浜2-1-6　福岡市発達教育センター2階	092-845-0040
北九州市発達障害支援センター「つばさ」	〒802-0803 北九州市小倉南区春ヶ丘10-2 北九州市立総合療育センター内	093-922-5523
福岡県発達障がい者（児）支援センター（福岡地域）「Life」	〒816-0804 福岡県春日市原町3-1-7 クローバープラザ1階東棟	092-558-1741
佐賀県		
佐賀県発達障害者支援センター「結」	〒841-0073 鳥栖市江島町字西谷3300-1	0942-81-5728
佐賀県西部発達障害者支援センター 「蒼空」～ SORA ～	〒846-0002 佐賀県多久市北多久町大字小侍40-2 多久市児童センターあじさい内	0952-37-1251
長崎県		
長崎県発達障害者支援センター「しおさい（潮彩）」	〒854-0071 諫早市永昌東町24-3　長崎県こども医療福祉センター内	0957-22-1802
熊本県		
熊本県北部発達障がい者支援センター「わっふる」	〒869-1235 菊池郡大津町室213-6 さくらビル2階	096-293-8189

相模原市発達障害支援センター	〒252-0226 相模原市中央区陽光台3-19-2　相模原市立療育センター内	042-756-8410
新潟県		
新潟県発達障がい者支援センター「RISE(ライズ)」	〒951-8121 新潟市中央区水道町1-5932 新潟県はまぐみ小児療育センター 2階	025-266-7033
新潟市発達障がい支援センター「JOIN(ジョイン)」	〒951-8121 新潟市中央区水道町1-5932-621 新潟市幼児ことばとこころの相談センター内	025-234-5340
石川県		
石川県発達障害者支援センター「パース」	〒920-3123 金沢市福久東1-56 オフィスオーセド2階	076-257-5551
石川県発達障害支援センター	〒920-8201 金沢市鞍月東2-6　石川県こころの健康センター内	076-238-5557
富山県		
富山県自閉症・発達障害支援センター「ほっぷ」	〒931-8517 富山市下飯野36	076-438-8415
山梨県		
山梨県立こころの発達総合支援センター	〒400-0005 甲府市北新1-2-12 山梨県福祉プラザ4階	055-254-8631
長野県		
長野県発達障がい者支援センター	〒380-0928 長野市若里7-1-7 長野県社会福祉総合センター 2階 長野県精神保健福祉センター内	026-227-1810
静岡県		
静岡県発達障害者支援センター「あいら」	〒422-8031 静岡市駿河区有明町2-20　静岡総合庁舎別館3階	054-286-9038
静岡市発達障害者支援センター「きらり」	〒422-8006 静岡市駿河区曲金5-3-30	054-285-1124
浜松市発達相談支援センター「ルピロ」	〒430-0933 浜松市中区鍛冶町100-1 ザザシティ浜松中央館5階	053-459-2721
愛知県		
あいち発達障害者支援センター	〒480-0392 春日井市神屋町713-8 愛知県心身障害者コロニー運用部療育支援課	0568-88-0811 内線2222
名古屋市発達障害者支援センター「りんくす名古屋」	〒466-0858 名古屋市昭和区折戸町4-16 児童福祉センター内	052-757-6140
岐阜県		
岐阜県発達障害者支援センター「のぞみ」	〒502-0854 岐阜市鷺山向井2563-18	058-233-5106
伊自良苑発達障害者支援センター	〒501-2122 山県市藤倉84　伊自良苑地域生活支援センター	0581-36-2175
三重県		
三重県自閉症・発達障害支援センター「あさけ」	〒510-1326 三重郡菰野町杉谷1573	059-394-3412
三重県自閉症・発達障害支援センター「れんげ」	〒519-2703 度会郡大紀町滝原1195-1	0598-86-3911
福井県		
福井県発達障害児者支援センター 「スクラム福井」嶺南(敦賀)	〒914-0144 敦賀市桜ヶ丘町8-6 野坂の郷内	0770-21-2346
福井県発達障害児者支援センター 「スクラム福井」福井	〒910-0026 福井市光陽2-3-36 福井県総合福祉相談所内	0776-22-0370
福井県発達障害児者支援センター 「スクラム福井」奥越(大野)	〒912-0061 大野市篠座79-53 希望園内	0779-66-1133
滋賀県		
滋賀県発達障害支援センター「北部センター」	〒522-0047 彦根市日夏町堀溝3703-1	0749-28-7055
滋賀県発達障害支援センター「南部センター」	〒525-0072 草津市笠山8-5-130 むれやま荘内	077-561-2522
京都府		
京都府発達障害者支援センター「はばたき」	〒612-8416 京都市伏見区竹田流池町120 京都府精神保健福祉総合センター内	075-644-6565
京都市発達障害者支援センター「かがやき」	〒602-8144　京都市上京区丸太町通黒門東入藁屋町536-1	075-841-0375
大阪府		
大阪府発達障がい者支援センター「アクトおおさか」	〒532-0023 大阪市淀川区十三東1-1-6 イトウビル1階	06-6966-1313
大阪市発達障がい者支援センター「エルムおおさか」	〒547-0026 大阪市平野区喜連西6-2-55 大阪市立心身障がい者リハビリテーションセンター 2階	06-6797-6931
堺市発達障害者支援センター「アプリコット堺」	〒590-0808 堺市堺区旭ヶ丘中町4-3-1 堺市立健康福祉プラザ内3階	072-275-8506
奈良県		
奈良県発達障害者支援センター「でぃあー」	〒636-0345 奈良県磯城郡田原本町大字多722番地 奈良県障害者総合支援センター内	0744-32-8760

発達障害者支援センター一覧

平成30年10月現在

センター名	住所	電話番号
北海道		
北海道発達障害者支援センター「あおいそら」	〒041-0802 函館市石川町90-7 2階	0138-46-0851
北海道発達障害者支援道東地域センター「きら星」	〒080-2475 帯広市西25条南4-9　地域交流ホーム「虹」内	0155-38-8751
北海道発達障害者支援道北地域センター「きたのまち」	〒078-8329 旭川市宮前通東4155-30 旭川市障害者福祉センター おぴった1階	0166-38-1001
札幌市自閉症・発達障がい支援センター「おがる」	〒007-0032 札幌市東区東雁来12条4-1-5	011-790-1616
青森県		
青森県発達障害者支援センター「ステップ」	〒030-0822 青森市中央3-20-30 県民福祉プラザ3階	017-777-8201
青森県発達障害者支援センター「わかば」(津軽地域)	〒037-0036 青森県五所川原市中央4-99	0173-26-5254
青森県発達障害者支援センター「Doors」(ドアーズ)(県南地域)	〒031-0814 青森県八戸市類家1-1-16	0178-51-6181
秋田県		
秋田県発達障害者支援センター「ふきのとう秋田」	〒010-1407 秋田市上北手百崎字諏訪ノ沢 3-128 秋田県立医療療育センター内	018-826-8030
岩手県		
岩手県発達障がい者支援センター「ウィズ」	〒028-3602 岩手県紫波郡矢巾町大字藤沢第2地割29番地1 岩手県立療育センター相談支援部内	019-601-3203
山形県		
山形県発達障がい者支援センター	〒999-3145 上山市河崎3-7-1 総合療育訓練センター内	023-673-3314
宮城県		
宮城県発達障害者支援センター「えくぼ」	〒981-3213 仙台市泉区南中山5-2-1	022-376-5306
仙台市北部発達相談支援センター「北部アーチル」	〒981-3133 仙台市泉区泉中央2-24-1	022-375-0110
仙台市南部発達相談支援センター「南部アーチル」	〒982-0012 宮城県仙台市太白区長町南3-1-30	022-247-3801
福島県		
福島県発達障がい者支援センター	〒963-8041 郡山市富田町字上ノ台4-1　福島県総合療育センター南棟2階	024-951-0352
栃木県		
栃木県発達障害者支援センター「ふぉーゆう」	〒320-8503 宇都宮市駒生町3337-1　とちぎリハビリテーションセンター内	028-623-6111
群馬県		
群馬県発達障害者支援センター	〒371-0843 前橋市新前橋町13-12　群馬県社会福祉総合センター 7階	027-254-5380
茨城県		
茨城県発達障害者支援センター	〒311-3157 東茨城郡茨城町小幡北山2766-37 社会福祉法人梅の里内	029-219-1222
埼玉県		
埼玉県発達障害者支援センター「まほろば」	〒350-0813 川越市平塚新田東河原201-2	049-239-3553
さいたま市発達障害者支援センター	〒338-0013 さいたま市中央区鈴谷7-5-7 さいたま市障害者総合支援センター内1階	048-859-7422
埼玉県発達障害総合支援センター	〒330-0081 埼玉県さいたま市中央区新都心1-2	048-601-5551
千葉県		
千葉県発達障害者支援センター「CAS」	〒260-0856 千葉市中央区亥鼻2-9-3	043-227-8557
千葉県発達障害者支援センター「CAS東葛飾」	〒270-1151 我孫子市本町3-1-2 けやきプラザ4階	04-7165-2515
千葉市発達障害者支援センター	〒261-0003 千葉市美浜区高浜4-8-3 千葉市療育センター内	043-303-6088
東京都		
東京都発達障害者支援センター「TOSCA(トスカ)」	〒156-0055 世田谷区船橋1-30-9	03-3426-2318
神奈川県		
神奈川県発達障害支援センター「かながわA(エース)」	〒259-0157 足柄上郡中井町境218 中井やまゆり園内	0465-81-3717
横浜市発達障害者支援センター	〒231-0047 神奈川県横浜市中区羽衣町2-4-4 エバーズ第8関内ビル5階	045-334-8611
横浜市学齢後期発達相談室くらす	〒233-0002 神奈川県横浜市港南区上大岡西2-8-18　ジャパンビル3階	045-349-4531
川崎市発達相談支援センター	〒210-0006 川崎市川崎区砂子1-7-5 タカシゲビル3階	044-223-3304

壺内昌子	岡山市こども総合相談所岡山市発達障害者支援センター	林　敬子	松田病院
中島麻美	医療法人心和会小野田心和園	坂東伸泰	回生病院メンタルヘルス科
中土井芳弘	独立行政法人国立病院機構四国こどもとおとなの医療センター児童精神科	堀内史枝	愛媛大学医学部附属病院子どもとこころセンター/精神科
		本田輝行	旭川荘療育医療センター
西村　理	小郡まきはら病院	和気　玲	島根大学人間科学部
箱守英雄	医療法人翠星会松田病院		
●九州・沖縄			
會田千重	肥前精神医療センター	長岡舞子	日隈病院
赤松　馨	独立行政法人国立病院機構 宮崎東病院	長田陽一	柳川療育センター・国際医療福祉大学
阿部和彦	住田病院	畠中雄平	琉球大学法文学部人間科学科
今村　明	長崎大学病院　地域連携児童思春期精神医学診療部	服部陵子	はっとり心療クリニック
小田切　啓	医療法人森和会　森病院	原田聡志	独立行政法人国立病院機構 琉球病院
河野美帆	都城新生病院	本田洋子	福岡市精神保健福祉センター
清田晃生	大分療育センター	山内由香	香椎療養所
小林隆児	西南学院大学人間科学部 社会福祉学科	山下　洋	九州大学医学部精神科神経科 子どものこころの診療部
酒井　透	医療法人啓正会 酒井病院	山根謙一	九州大学病院
坂本奈緒	聖ルチア病院	山元美和子	肥前精神医療センター
城野　匡	熊本大学医学部附属病院 神経精神科	結城麻奈	ゆうきあさなこころのクリニック
武井庸郎	山水会　香椎療養所	横田周三	向陽台病院
田中恭子	熊本大学医学部附属病院神経精神科	吉田敬子	メンタルクリニック　あいりす
弟子丸元紀	医療法人社団松本会 希望ヶ丘病院		

姜　昌勲	きょう　こころのクリニック	中西葉子	奈良県立医科大学 精神学講座
桐山正成	大阪府中央子ども家庭センター	西川瑞穂	医療法人瑞月会 かく・にしかわ診療所
栗木紀子	ぽかぽかこころクリニック	根來秀樹	奈良教育大学　教職開発講座　障害児医学分野／特別支援教育研究センター
小池清廉	社会福祉法人京都総合福祉協会 ふれあいの里診療所		
高　富栄	コこころのクリニック	華園　力	はなぞのクリニック
上月　遙	京都大学大学院医学研究科 脳病態生理学講座精神医学教室	花房昌美	大阪精神医療センター
小杉　恵	大阪府立母子保健総合医療センター 発達小児科	早田聡宏	医療法人宮本病院
小林　和	精療クリニック小林	人見佳枝	近畿大学医学部リハビリテーション科
作田泰章	さく　メンタルクリニック	廣瀬公人	甲子園こども相談室
澤田里美	奈良県総合リハビリテーションセンター	藤本淳三	（社）大阪総合医学・教育研究会 附属診療所
澤田将幸	さわだメンタルクリニック	藤山雅晴	関西医科大学附属滝井病院 精神神経科
柴田真理子	大阪府立精神医療センター 松心園	船曳康子	京都大学大学院人間・環境学研究科 認知・行動科学講座
島田照三	島田クリニック	牧原寛之	牧原クリニック
清水將之	関西国際大学 人間学部	松井裕介	兵庫県立淡路医療センター
清水喜貴	天王寺しみずクリニック	松宮　徹	医療法人桜花会 醍醐病院医局
白瀧貞昭	博愛発達障害研究所 神戸博愛病院児童精神科	間宮由真	大阪府立精神医療センター
末廣佑子	奈良県立医科大学附属病院 精神科	水田一郎	大阪大学キャンパスライフ健康支援センター
関口典子	兵庫県立こども病院	峯川章子	大阪市立心身障害者 リハビリテーションセンター診療所
宋　大光	宋こどものこころ醫院	宮口幸治	立命館大学
高木隆郎	医療法人 高木神経科医院	三宅和佳子	大阪母子医療センター 子どものこころの診療科
髙宮静男	たかみやこころのクリニック	宮脇　大	大阪市立大学大学院 医学研究科神経精神医学
田中　究	兵庫県立 ひょうご こころの医療センター	安田由華	生きる・育む・輝くメンタルクリニック
谷口佳美	大阪市立阿武山学園	山口日名子	大阪府立精神医療センター 松心園
玉岡文子	兵庫県立こども病院 精神科	山田千冬	五条山病院 精神科
田宮　聡	姫路市立発達医療センター	山室和彦	奈良県立医科大学 附属病院精神科
辻井農亜	近畿大学医学部附属病院 精神神経科学教室	山本　朗	東大阪市立障害児者支援センター
鄭　庸勝	ていこころのクリニック	横田伸吾	医療法人杏和会　阪南病院
豊永公司	地方独立行政法人大阪市民病院機構 大阪市立総合医療センター	吉益光一	和歌山県立医科大学医学部衛生学
長倉いのり	京都市児童福祉センター診療所	義村さや香	京都大学大学院医学研究科 人間健康科学系発達障害支援医学講座
中島　玲	けいふう心療クリニック		

●中国・四国

青木省三	慈圭会精神医学研究所	黒崎充勇	広島市立舟入市民病院小児心療科
井﨑ゆみ子	徳島大学保健管理・総合相談センター	古元順子	旭川荘療育センター療育園
稲垣卓司	島根大学教育学部心理・発達臨床講座	近藤　強	チヨダクリニック精神科、心療内科、児童精神科
井上悠里	医療法人豊仁会まな星クリニック	笹野京子	なのはなクリニック
大澤多美子	医療法人社団　更生会　草津病院	白尾直子	広島県立総合精神保健福祉センター
大重耕三	地方独立行政法人岡山県精神科医療センター	杉山信作	桜クリニック
岡田隆介	広島市児童相談所	仙谷倫子	三原病院　精神科
河邉憲太郎	愛媛大学医学部附属病院精神科	田中容子	愛媛大学医学部附属病院 久米病院
北添紀子	高知県立療育福祉センター	伊達健司	五色台病院
木戸瑞江	香川大学医学部附属病院精神神経科	塚本千秋	岡山大学大学院社会文化科学研究科

大原聖子	医療法人　啓仁会　豊川さくら病院 児童精神科	武市幸子	桶狭間病院藤田こころケアセンター
小川しおり	愛知県青い鳥医療療育センター 児童精神科	永井貴裕	富山県立中央病院
小野靖樹	金沢大学附属病院神経科精神科	長尾圭造	長尾こころのクリニック
柿元真知	三重県立子ども心身発達医療センター	中谷英夫	金沢大学医学部附属病院 神経科精神科
加藤晃司	医療法人永朋会　和光医院	中西大介	三重県立子ども心身発達医療センター
上鹿渡和宏	長野大学 社会福祉学部	夏苅郁子	やきつべの径診療所
神谷　純	かみやメンタルクリニック	西田寿美	三重県立小児心療センター あすなろ学園
河村雄一	ファミリーメンタルクリニック	深尾　琢	岐阜大学大学院 医学系研究科 精神病理学分野
岸本光一	ハートランドしぎさん 分院上野病院	福原里美	名古屋市立大学　小児科
木村宜子	佐久総合病院小児科	藤江昌智	飛騨市こどものこころのクリニック
熊崎博一	金沢大学子どものこころの発達研究センター 金沢大学子どものこころの診療	藤田　梓	独立行政法人国立病院機構 天竜病院
		古橋功一	愛知県心身障害者コロニー中央病院
小坂浩隆	福井大学 子どものこころの発達研究センター	水野智之	愛知県三河青い鳥医療療育センター 児童精神科
小西眞行	社会福祉法人檜の里あさけ診療所	蓑和路子	県立こころの医療センター 駒ヶ根
佐藤起代江	名古屋市児童福祉センター 名古屋市中央療育センター	棟居俊夫	医療法人社団長久会 加賀こころの病院
清水章子	しみずクリニック	棟近孝之	和合病院 はくよう こどものこころ相談外来
清水健次	ダダ第2クリニック	村瀬聡美	心療内科・内科 リエゾンメディカル丸の内
杉本篤言	新潟大学大学院医歯学総合研究科 精神医学分野	山崎　透	静岡県立こども病院 こころの診療センター
杉山登志郎	福井大学子どものこころの発達研究センター	山田敦朗	名古屋市立大学大学院医学研究科 精神・認知・行動医学分野
鈴木　大	三重大学医学部附属病院 精神科神経科	山田桂吾	医療法人 芳州会 村井病院
関　正樹	大湫病院	山村哲史	鈴鹿厚生病院 精神神経科
高岡　健	岐阜県立希望が丘こども医療福祉センター 児童精神科/発達精神医学研究所	吉川　徹	愛知県心身障害者コロニー 中央病院児童精神科
		吉川領一	飯山赤十字病院
高柳みずほ	有沢橋病院	若林慎一郎	（静岡県浜松市）

●近畿

相原加苗	東大阪市立障害児者支援センター内診療所	江尻真樹	きょう　こころのクリニック
曠地道代	国立病院機構大阪医療センター	太田豊作	奈良県立医科大学 精神医学講座
荒木陽子	大阪精神医療センター　医局	大月則子	大阪府衛生会附属診療所
安藤悦子	ひびきこころのクリニック	岡田　章	近畿大学医学部 奈良病院精神科
飯田順三	奈良県立医科大学 医学部看護学科	岡本正子	大阪府衛生会附属診療所
飯田信也	大阪市立総合医療センター	沖野剛志	長浜赤十字病院 精神神経科
飯田直子	京都府立医科大学附属病院 精神機能病態学	奥野正景	医療法人サヂカム会 三国丘病院
石坂好樹	京都桂病院精神科	小野美樹	和歌山県福祉保健部健康局医務課
泉本夏子	医療法人財団光明会　神戸こころのクリニック	小野善郎	和歌山県精神保健福祉センター
泉本雄司	医療法人財団光明会　明石こころのホスピタル	郭　麗月	かく・にしかわ診療所
稲垣貴彦	滋賀県精神医療センター	梶本隆哉	梶本こころのクリニック
井上洋一	星ヶ丘医療センター	加藤良美	大阪府中央子ども家庭センター
岩坂英巳	信貴山病院ハートランドしぎさん 子どもと大人の発達センター	金子浩二	かねこクリニック
		亀岡智美	兵庫県こころのケアセンター
上田昇太郎	奈良県立医科大学　精神医学講座	川岸久也	大阪精神医療センター
上野千穂	京都市児童福祉センター	河原みどり	なかむかいクリニック
浦谷光裕	万葉クリニック	鬼頭有代	医療法人いちえ　有希クリニック

木本幸佑	和光クリニック	長沢　崇	東京都立小児総合医療センター　児童・思春期精神科
久能　勝	千葉大学子どものこころの発達教育研究センター	中島智美	横浜市総合リハビリテーションセンター
黒江美穂子	国立国際医療研究センター国府台病院児童精神科	中村晃士	たわらクリニック東京
小平かやの	東京都児童相談センター	中村道子	社会福祉法人鶴風会西多摩療育支援センター
小平雅基	総合母子保健センター愛育クリニック小児精神保健科	中山　浩	川崎市こども家庭センター
小松崎　圭	医療法人威恵会三岳荘小松崎病院	成重竜一郎	社会医療法人公徳会若宮病院
齊藤万比古	恩賜財団母子愛育会愛育相談所	西本佳世子	東横惠愛病院
齋藤寿昭	川崎市立川崎病院　精神科	蓮舎寛子	東邦大学医療センター大橋病院心の診療科
坂野真理	King' sCollegeLondon	早川　洋	こどもの心のケアハウス嵐山学園(児童心理治療施設)
佐々木祥乃	駒木野病院	早馬　俊	横浜メンタルクリニック戸塚
篠田直之	千葉市立青葉病院	平田一成	(神奈川県鎌倉市)
清水文雄	茨城県立友部病院	廣内千晶	神奈川県立こども医療センター
下山修司	道玄坂しもやまクリニック	藤田純一	横浜市立大学附属病院児童精神科
庄　紀子	神奈川県立こども医療センター児童思春期精神科	藤田観喜	東京武蔵野病院精神科
杉村共英	発達心療クリニック	藤田　基	東京都武蔵野病院
鈴木麻佳	慈雲堂病院	船渡川智之	東邦大学精神神経医学講座
鈴村俊介	東京都立大塚病院児童精神科	古荘純一	青山学院大学教育人間学科部教育学科
陶山寧子	横浜市西部児童相談所	細金奈奈	恩賜財団母子愛育会総合母子保健センター 愛育クリニック小児精神保健科
関谷秀子	法政大学／初台クリニック		
髙梨淑子	よこはま発達クリニック	堀　孝文	茨城県立こころの医療センター
高橋純平	千葉大学大学院医学研究院	松田久実	成田赤十字病院
高橋秀俊	国立精神・神経医療研究センター精神保健研究所 児童・思春期精神保健研究部	三上克央	東海大学医学部専門診療学系精神科学
		皆川恵子	めぐみクリニック
高橋雄一	横浜市立大学附属市民総合医療センター精神医療センター(児童精神科)	南　達哉	神奈川県立こども医療センター児童思春期精神科
		村上真紀	国立精神・神経医療研究センター
髙橋有記	東海大学付属病院精神科	森長修一	平塚市民病院
武石恭一	医療法人社団　有朋会こどもメンタルクリニック芝	山崎晃資	目白大学人間社会学部人間福祉学科
立花良之	国立成育医療研究センター こころの診療部乳幼児メンタルヘルス診療科	山﨑知子	秋葉原ガーデンクリニック
		山科　満	中央大学文学部人文社会学科心理学専攻
田野稔郎	川崎西部地域療育センター	山田佐登留	東京都児童相談センター
鄭　理香	東京都立小児総合医療センター児童思春期精神科	山野かおる	櫻和メンタルクリニック
都丸文子	医療法人社団希志会発達心療クリニック	横山富士男	埼玉医科大学医学部神経精神科
冨永卓男	東京都立小児総合医療センター児童思春期精神科	渡部京太	広島市こども療育センター
豊原公司	神奈川県立こども医療センター	渡邉直樹	メンタルホスピタルかまくら山
●中部			
新井康祥	あいち小児保健医療総合センター 心療科	今井淳子	長野県松本あさひ学園
井川典克	いかわクリニック	岩城貴美枝	子どものこころ診療所
石井　卓	石井クリニック	榎戸芙佐子	医療法人社団和敬会 谷野呉山病院
石塚佳奈子	名古屋大学附属病院親と子どもの心療科	大石　聡	静岡県立こども病院 こころの診療科
伊藤一之	静岡県立こども病院 こころの診療科	大高一則	医療法人大高クリニック
稲月まどか	特定医療法人青山信愛会 新潟信愛病院	大瀧和男	かずおメンタルクリニック
井上喜久江	井上医院	大槻一行	三重県立子ども心身発達医療センター

日本児童青年精神医学会 認定医 child-adolesc.jp/nintei/ninteiis/

※認定医は2018年６月現在で348名です。

氏名	所属	氏名	所属
●北海道			
伊東かほり	新さっぽろメンタルクリニック	田中康雄	こころとそだちのクリニックむすびめ
黒川新二	黒川メンタルクリニック	傳田健三	特定医療法人社団慈藻会　平松記念病院
才野　均	北海道立子ども総合医療療育センター精神科	中島公博	医療法人社団　五稜会病院
笹川嘉久	小樽市立病院精神科	中野育子	札幌こころの診療所
武井　明	市立旭川病院精神科	二階堂正直	にかいどうメンタルクリニック
館農　勝	ときわ病院・ときわこども発達センター	野呂浩史	南平岸内科クリニック
館農幸恵	ときわこども発達センター		
●東北			
板垣俊太郎	福島県立医科大学神経精神医学講座	武田　哲	医療法人芙蓉会　芙蓉会病院
大塚達以	宮城県立精神医療センター	東海林岳樹	山形県立こころの医療センター
簡野宗明	山形大学医学部精神科	中村和彦	弘前大学大学院医学研究科神経精神医学講座
木野田昌彦	公益財団法人　金森和心会　針生ヶ丘病院	林　みづ穂	仙台市精神保健福祉総合センター
小泉ひろみ	市立秋田総合病院小児科	福地　成	みやぎ心のケアセンター
小林奈津子	東北大学病院精神科	本多奈美	東北大学病院精神科
佐藤宗一郎	富谷ファミリーメンタルクリニック	増子博文	福島県立医科大学医学部神経精神医学講座
佐藤美和子	宮城県子ども総合センター	水本有紀	宮城県精神保健福祉センター
曽田恵美	福島県立医科大学神経精神医学講座	吉田恵心	（青森県上北郡）
滝井泰孝	東北福祉大学せんだんホスピタル	吉田弘和	宮城県立精神医療センター
●関東			
赤間史明	東海大学医学部専門診療学系精神科学	江里口陽介	東京大学医学部附属病院こころの発達診療部
朝倉　新	新泉こころのクリニック	煙石洋一	東海大学病院精神科
阿部隆明	自治医科大学とちぎ子ども医療センター	遠藤大輔	北里大学東洋医学総合研究所
新井　卓	神奈川県立こども医療センター児童思春期精神科	生地　新	北里大学大学院医療系研究科発達精神医学
荒井　宏	あらいクリニック	大久保菜奈子	横浜市総合リハビリテーションセンター　発達精神科
安藤咲穂	千葉県こども病院　精神科	大園啓子	横浜市総合リハビリテーションセンター発達支援部療育課
安藤　公	メンタルクリニックあんどう	大西雄一	東海大学　精神科
飯田美紀	社会福祉法人　青い鳥	大屋彰利	こども発達クリニック ほうあんなぎ
石川真吾	積善会日向台病院	沖野慎治	慈恵医大
伊藤郁子	こころのクリニック調布	奥　薫	一般財団法人聖マリアンナ会東横恵愛病院
伊藤千晶	北里大学医学部精神科	小倉　清	クリニックおぐら
稲井　彩	東京大学大学院医学系研究科こころの発達医学分野	小野和哉	聖マリアンナ医科大学神経精神科
犬塚峰子	大正大学人間学部臨床心理学科	小保方　馨	前橋赤十字病院精神神経科
井上勝夫	北里大学医学部精神科	加藤郁子	さいたま市こころの健康センター
井口英子	関東医療少年院	金生由紀子	東京大学大学院医学系研究科こころの発達医学分野
岩佐光章	横浜市総合リハビリテーションセンター発達精神科	河合健彦	群馬病院
岩垂喜貴	国立国際医療研究センター国府台病院児童精神科	川上俊亮	東京都立北療育医療センター
上原　徹	高崎健康福祉大学大学院保健福祉学専攻	川﨑葉子	むさしの小児発達クリニック
宇佐美政英	国立国際医療研究センター国府台病院児童精神科	上林靖子	まめの木クリニック
牛島洋景	国立国際医療研究センター国府台病院児童精神科	木村一優	医療法人社団　新新会多摩あおば病院

304	武本環美	浜の町病院小児科	810-8539	福岡市中央区長浜3-3-1	092-721-0831	○			○	○	○		
305	徳永洋一	とくなが小児科クリニック	802-0052	北九州市小倉北区霧ヶ丘3-13-22	093-932-0250	○	○	○	○	○	○	○	
306	鳥巣浩幸	福岡歯科大学医科歯科総合病院小児科	814-0193	福岡市早良区田村2-15-1	092-801-0411	○	○	○	○	○			
307	永光信一郎	久留米大学医学部小児科	830-0011	久留米市旭町67	0942-31-7565	○	○	○	○	○	○	○	○
308	芳賀彰子	九州大学大学院医学研究院心身医学	812-8582	福岡市東区馬出3-1-1	092-642-5316	○	○	○	○		○	○	○
309	花井敏男	柳川療育センター	832-0813	柳川市三橋町棚町218-1	0944-73-0039	○	○	○	○	○	○	○	○
310	松石豊次郎	聖マリア病院小児科	830-8543	久留米市津福本町422	0942-35-3322	○	○	○	○	○	○	○	○
311	安元佐和	福岡大学病院小児科	814-0180	福岡市城南区七隈7-45-1	092-801-1011	○	○	○	○	○	○	○	○
312	山下裕史朗	久留米大学医学部小児科	830-0011	久留米市旭町67	0942-31-7565	○	○	○	○	○	○		○
佐賀													
313	石井清久	佐賀整肢学園こども発達医療センター小児科	849-0906	佐賀市金立町金立2215-27	0952-98-2211	○	○	○	○	○	○	○	○
長崎													
314	藤井明子	長崎県立こども医療福祉センター小児科	854-0071	諫早市永昌東町24-3	0957-22-1300	○	○	○	○	○			○
315	松尾光弘	長崎県立こども医療福祉センター小児神経科	854-0071	諫早市永昌東町24-3	0957-22-1300	○	○	○	○	○		○	○
316	松坂哲應	長崎市障害福祉センター小児神経科	852-8104	長崎市茂里町2-41 もりまちハートセンター内	095-842-2525	○	○	○	○	○		○	
317	本山和徳	長崎県立こども医療福祉センター小児科	854-0071	諫早市永昌東町24-3	0957-22-1300	○	○		○	○			
熊本													
318	石津棟暎	くまもと江津湖療育医療センター小児科	862-0947	熊本市東区画図町重富575	096-370-0501	○	○		○	○	○		
319	大谷宜伸	熊本託麻台リハビリテーション病院小児科	862-0924	熊本市中央区帯山8-2-1	096-381-5111	○	○	○	○	○		○	○
320	木通めぐみ	有明成仁病院小児科	869-0101	玉名郡長洲町宮野2775	0968-78-1133	○	○	○	○	○	○		
321	多久肇一	はまゆう療育園	863-2503	天草郡苓北町志岐1059	0969-35-1258	○	○	○	○	○		○	○
大分													
322	是松聖悟	中津市立中津市民病院小児科	871-8511	中津市大字下池永173	0979-22-2480	○	○		○				
323	後藤一也	国立病院機構西別府病院小児科	874-0840	別府市大字鶴見4548	0977-24-1221	○	○	○	○	○	○	○	○
324	佐藤圭右	聖母の騎士会　恵の聖母の家小児科神経小児科	875-0211	臼杵市野津町都原3601-2	0974-32-7770	○	○	○	○	○			
325	三吉野産治	大分こども療育センター	870-0943	大分市片島2996-1	097-557-0121	○	○	○	○	○	○	○	○
宮崎													
326	糸数直哉	どんぐりこども診療所	880-0835	宮崎市阿波岐原町竹割2034-1	0985-62-0999	○	○	○	○	○			
327	興梠知子	高千穂町国民健康保険病院小児科	882-1101	西臼杵郡高千穂町三田井435-1	0982-73-1700	○	○		○			○	○
沖縄													
328	小野寺隆	名護市立屋我地診療所	905-1632	名護市饒平名460-1	0980-52-8887				○				○

山口													
274	市山高志	鼓ヶ浦こども医療福祉センター	745-0801	周南市久米752-4	0834-29-1430	○	○	○	○	○	○	○	
275	片山和信	柳井病院精神・神経科	742-0021	柳井市柳井1910-1	0820-22-1002	○	○	○	○	○	○	○	○
276	林　隆	西川医院発達診療部	755-0151	宇部市西岐波325-1	0836-54-2525	○	○	○	○	○	○		
徳島													
277	粟飯原良造	鳴門教育大学	772-8502	鳴門市鳴門町高島字中島748	088-687-6283							○	
278	伊藤弘道	徳島大学医学部小児科	770-8503	徳島市蔵本町3-18-15	088-633-7135	○	○	○	○	○	○	○	
279	田山正伸	田山チャイルドクリニック	770-0006	徳島市北矢三町3-3-41	088-633-2055	○	○	○	○	○	○	○	○
280	橋本俊顕	徳島赤十字ひのみね総合療育センター	773-0015	小松島市中田町新開4-1	0885-32-0903	○	○	○	○	○	○		
	藤野佳世	ふじのクリニック	773-0023	小松島市坂野町字平田18-4	0885-37-0250	○	○		○	○		○	
281	森　健治	徳島大学医学部小児科	770-8503	徳島市蔵本町3-18-15	088-633-7135	○	○	○	○	○	○		
282	森　達夫	つるぎ町立半田病院小児科	779-4401	美馬郡つるぎ町半田字中藪234-1	0883-64-3145	○	○	○	○	○	○	○	
		徳島大学病院小児科	770-8503	徳島市蔵本町2-50-1	0886-31-3111	○	○	○	○	○	○	○	
香川													
283	安藤美智子	あんどう発達クリニック小児神経内科	761-8075	高松市多肥下町517-10	087-867-0234	○	○	○	○	○	○	○	○
284	小西　薫	すくすくクリニックこにし	761-0612	木田郡三木町氷上206	087-813-7876	○	○	○	○	○	○	○	○
285	冨田智子	屋島総合病院小児科	761-0186	高松市屋島西町1857-1	087-841-9141	○	○	○	○	○			
286	中田耕次	へいわこどもクリニック	760-0073	高松市栗林町1-4-11	087-835-2026	○	○	○	○	○	○	○	○
287	宮崎雅仁	小児科内科三好医院	769-2513	東かがわ市大谷813-1	0879-25-3503	○	○	○	○	○	○		
288	村川和義	むらかわクリニック	760-0065	高松市朝日町2-2-7L-ビルディング2階	087-823-2525	○	○	○	○			○	
愛媛													
289	岡澤朋子	岡沢クリニック	798-4110	南宇和郡愛南町御荘平城1976	0895-70-1511	○	○	○	○	○	○	○	○
290	重見律子	松山市民病院小児科	790-0067	松山市大手町2-6-5	089-943-1151	○	○	○	○	○	○	○	○
291	中野広輔	松山赤十字病院小児科	790-8524	松山市文京町1	089-924-1111	○	○	○	○	○	○		○
292	長尾秀夫	愛媛大学教育学部 障害児教育講座 特別支援医学	790-8577	松山市文京町3	089-927-9520	○	○	○	○	○	○	○	○
293	若本裕之	愛媛県立 子ども療育センター 小児科	791-0212	東温市田窪2135	089-955-5533	○	○		○	○	○	○	
高知													
294	門田正坦	春野うららかクリニック 小児科・内科	781-0314	高知市春野町南ヶ丘7-16	088-848-0086		○	○	○	○		○	
福岡													
295	大滝悦生	ゆうかり学園小児科	839-1212	久留米市田主丸町石垣1200-2	0943-73-0152	○	○	○	○	○			
296	小川　厚	福岡大学筑紫病院小児科	818-8502	筑紫野市俗明院1-1-1	092-921-1011	○	○	○	○	○	○	○	○
297	金子美香	こぐま学園診療所小児科	838-0142	小郡市大板井1143-1	0942-72-7221	○	○	○	○	○			
298	吉良龍太郎	福岡市立こども病院 小児神経科	810-0017	福岡市東区香椎照葉5-1-1	092-682-7300	○	○		○	○	○		
299	黒川　徹	誠愛リハビリテーション病院小児科	816-0956	大野城市南大利2-7-2	092-595-1151	○	○	○	○	○		○	
300	河野義恭	北九州市立総合療育センター小児科	802-0803	北九州市小倉南区春ケ丘10-2	093-922-5596	○	○	○	○	○		○	
301	権藤健二郎	ごんどう小児科クリニック	813-0044	福岡市東区千早4-15-12-1階	092-673-3680	○	○	○	○	○	○	○	○
302	塩永淳子	こぐま福祉会 肢体不自由児通園施設 こぐま学園診療所小児科	838-0142	小郡市大板井1143-1	0942-72-7221	○	○	○	○	○			○
303	清水透子	清水ファミリークリニック	802-0023	北九州市小倉北区下富野4-21-13	093-551-0602	○	○	○	○	○	○	○	

奈良													
244	澤井康子	国立病院機構奈良医療センター小児科	630-8053	奈良市七条2-789	0742-45-4591	○	○	○	○	○	○	○	
245	富和清隆	東大寺福祉療育病院 小児科	630-8211	奈良市雑司町406-1	0742-22-5577	○	○		○		○		
和歌山													
246	泉 鉉吉	国立病院機構南和歌山医療センター 一般小児科・小児神経科	646-8558	田辺市たきない町27-1	0739-26-7050	○	○	○	○	○	○	○	○
247	大谷和正	おおたにクリニック	644-0023	御坊市名田町野島1-7	0738-29-2951	○	○	○	○	○	○	○	
248	小野次朗	和歌山県発達障害者支援センター	640-8510	和歌山市今福3-5-41	073-413-3200	○	○	○					
249	重里敏子	海南医療センター小児科	642-0002	海南市日方1522-1	073-482-4521	○	○	○	○	○			
250	田中里江子	愛徳医療福祉センター	641-0041	和歌山市今福3-5-41	073-425-2391	○	○	○	○	○	○		
251	南 弘一	和歌山県立医科大学 小児科	641-8509	和歌山市紀三井寺811-1	073-441-0633				○				
252	柳川敏彦	和歌山県立医科大学 保健看護学部 保健看護学研究科	641-0011	和歌山市三葛580	073-446-6700	○	○	○	○				
鳥取													
253	大野耕策	山陰労災病院	683-8605	米子市皆生新田1-8-1	0859-33-8181	○	○	○	○	○	○	○	○
254	北原 佶	鳥取県立総合療育センター	683-0004	米子市上福原7-13-3	0859-38-2155	○	○	○	○	○			
255	前岡幸憲	鳥取県立鳥取療育園	680-0901	鳥取市江津260	0857-29-8889	○	○	○	○	○	○	○	○
島根													
256	木村正彦	きむらこどもファミリークリニック	693-0037	出雲市西新町1-2548-9	0853-20-0903	○	○		○	○	○		
岡山													
257	赤池洋人	川崎医科大学附属病院 小児科	701-0192	倉敷市松島577	086-462-1111	○	○	○	○	○		○	
258	浅野 孝	旭川荘療育・医療センター 旭川児童院小児神経科	703-8555	岡山市北区祇園866	086-275-1951	○	○	○	○	○			
259	石田喬士	旭川荘療育・医療センター 旭川児童院小児神経科	703-8555	岡山市北区祇園866	086-275-1951		○		○	○			
260	井上英雄	旭川荘療育・医療センター 旭川児童院	703-8555	岡山市北区祇園866	086-275-1951		○		○	○	○	○	○
261	井上美智子	国立病院機構 南岡山医療センター 小児科	701-0304	都窪郡早島町早島4066	086-482-1121	○							
262	内山宙三	もみのき小児クリニック	703-8231	岡山市中区赤田14-2	086-273-8800		○			○			
263	大塚頌子	旭川荘療育・医療センター旭川児童院	703-8555	岡山市北区祇園866	086-275-1951	○	○	○	○	○	○		
264	大野 繁	大野はぐくみクリニック	700-0026	岡山市北区奉還町1-2-11	086-254-7777	○	○	○	○	○	○	○	
265	岡 牧郎	岡山大学病院小児神経科	700-8558	岡山市北区鹿田町2-5-1	086-223-7151	○	○	○	○	○	○		
266	竹内章人	岡山大学病院小児神経科	700-8558	岡山市北区鹿田町2-5-1	086-223-7151	○	○	○	○	○	○		
267	寺崎智行	労働者健康福祉機構岡山労災病院小児科	702-8055	岡山市南区築港緑町1-10-25	086-262-0131	○	○	○	○	○			
268	御牧信義	倉敷成人病センター小児科	710-8522	倉敷市白楽町250	086-422-2111	○	○	○	○	○	○		○
広島													
269	伊予田邦昭	福山こども発達支援センター	720-8512	福山市三吉町南2-11-22	084-928-1351	○	○		○	○		○	
270	西川美希	生協小児科ひろしま	733-0031	広島市西区観音町16-19	082-532-1260	○	○	○	○	○	○	○	○
271	林 優子	県立広島大学 保健福祉学部	723-0053	三原市学園町1-1	0848-60-1231	○	○	○	○	○			
272	平木洋子	広島市こども療育センター小児科	732-0052	広島市東区光町2-15-55	082-263-0683	○	○	○	○	○			
273	藤井裕士	広島大学病院小児科	734-8551	広島市南区霞1-2-3	082-257-5555	○	○		○	○	○		

214	鍋谷まこと	淀川キリスト教病院小児科	533-0024	大阪市東淀川区柴島1-7-50	06-6322-2250	○	○	○	○	○	○	○	
215	西垣敏紀	大阪警察病院小児科	543-0035	大阪市天王寺区北山町10-31	06-6771-6051	○	○		○			○	
216	根岸宏邦	高槻病院	569-1192	高槻市古曽部町1-3-13	072-681-3801	○	○		○	○	○	○	
217	原田佳明	小松病院小児科	572-8567	寝屋川市川勝町11-6	072-823-1521		○	○					
218	船戸正久	大阪発達総合療育センター	546-0035	大阪市東住吉区山坂5-11-21	06-6699-8731	○	○	○	○	○	○		○
219	村上貴孝	中野こども病院	535-0022	大阪市旭区新森4-13-17	06-6952-4771	○	○		○		○	○	○
220	毛利育子	大阪大学医学部附属病院	565-0871	吹田市山田丘2-15		○	○	○	○	○	○	○	
221	安原昭博	安原こどもクリニック	572-0085	寝屋川市香里新町26-3 香里メディカルビル2階	072-832-2211	○	○	○	○	○	○		
222	山野恒一	四天王寺和らぎ苑	584-0082	富田林市向陽台1-3-21	0721-29-0836	○	○		○	○	○		
223	若宮英司	藍野大学医療保健学部看護学科	567-0012	茨木市東太田4-5-4	072-627-1711	○	○	○	○	○	○		
兵庫													
224	足立昌夫	あだちこども診療所小児科	675-0062	加古川市加古川町美乃利465-1	079-423-2567	○	○	○	○	○	○	○	
225	井坂雅子	神戸市総合療育センター小児科	653-0875	神戸市長田区丸山町2-3-50	078-646-5291	○	○	○	○	○			
226	乾　幸治	いぬいこどもクリニック	664-0029	伊丹市中野北3-6-6	072-771-7848	○	○	○	○	○	○	○	
227	井上友子	三田市民病院小児科	669-1321	三田市けやき台3-1-1	079-565-8000	○	○	○	○	○		○	
228	岩越美恵	神戸常盤大学看護学科	653-0838	神戸市長田区大谷町2-6-2	078-611-1821	○	○	○	○	○			
229	木村重美	兵庫県立リハビリテーション病院　子どもの睡眠と発達医療センター	651-2134	兵庫県神戸市西区曙町1070	078-927-2727	○	○	○	○	○	○	○	
230	佐々木香織	加古川こども療育センター	675-0335	加古川市志方町原604-1	079-452-2511	○	○	○	○	○	○		
231	小竹武志	公立学校共済組合近畿中央病院小児科	664-8533	伊丹市車塚3-1	072-781-3712	○	○	○	○	○	○	○	
232	白坂幸義	しらさかクリニック	658-0032	神戸市東灘区向洋町中1-14　イーストコート2番街103	078-821-3393	○	○	○	○				
233	相馬　収	そうまこどもクリニック	651-2109	神戸市西区前開南町1-4-4　伊川谷駅前ビル3階	078-975-6500	○	○	○	○	○	○	○	
234	高井一美	兵庫県立リハビリテーション中央病院小児科	651-2181	神戸市西区曙町1070	078-927-2727	○	○	○		○			
235	高尾龍雄	神港園診療所	651-2311	神戸市西区神出町東1188-345　養護老人ホーム神港園内	078-965-3661	○	○			○	○	○	○
236	高田　哲	神戸大学大学院保健学研究科地域保健学領域	654-0142	神戸市須磨区友が丘7-10-2	078-792-2555	○	○	○	○	○	○	○	○
237	常石秀市	医療福祉センターきずな小児科	675-2456	加西市若井町字猪野83-31	0790-44-2881				○	○			
238	中野加奈子	六甲アイランド甲南病院小児科	658-0032	神戸市東灘区向洋町中2-11	078-858-1111	○	○	○	○	○			
239	中村　豊	ゆたかこどもクリニック	651-2273	神戸市西区糀台5-6-3 西神オリエンタルホテル2階	078-990-5455	○	○	○	○	○	○	○	
240	濱田　泰	浜田小児科内科クリニック	661-0012	尼崎市南塚口町2-4-21	06-6429-3009	○	○		○	○			
241	三池輝久	兵庫県立総合リハビリテーションセンター中央病院子どもの睡眠と発達医療センター	651-2181	神戸市西区曙町1070	078-925-9264	○	○	○	○	○	○	○	○
242	三浦　洋	三浦医院	678-1233	兵庫県赤穂郡上郡町大持173-14	0791-52-0045	○	○	○	○	○			○
243	吉岡三恵子	神戸市総合療育センター小児神経科	653-0875	神戸市長田区丸山町2-3-50	078-646-5291	○			○	○	○		

滋賀												
185	植松潤治	湖北グリーブクリニック	529-0102	長浜市月ヶ瀬525	0749-73-3917	○	○	○	○	○	○	○	○
186	口分田政夫	びわこ学園 医療福祉センター 草津小児科	525-0072	草津市笠山8-3-113	077-566-0701	○	○	○	○	○	○	○	○
187	田中政幸	国立病院機構東近江総合医療センター小児科	527-8505	東近江市五智町255	0748-22-3030	○	○	○	○	○	○		
188	宮嶋智子	滋賀県立 小児保健医療センター 小児科	524-0022	守山市守山5-7-30	077-582-6200	○	○	○	○	○	○	○	○
京都													
189	安藤ルリ子	安藤小児科	617-0854	長岡京市こがねが丘9-47	075-955-0878	○	○		○			○	
190	糸見世子	独立行政法人国立病院機構宇多野病院小児神経科	616-8255	京都市右京区 鳴滝音戸山町8	075-461-5121	○	○		○	○			○
191	神田豊子	京都民医連中央病院 リハビリテーション科	604-8453	京都市中京区西ノ京春日町16-1	075-822-2777		○	○	○	○			○
192	小谷裕実	花園大学社会福祉学部	604-8456	京都市中京区西ノ京壺ノ内町8-1	075-811-5181	○	○	○	○	○		○	
193	呉　東進	京都大学大学院 医学研究科	606-8501	京都市左京区吉田近衛町	075-753-4360	○	○	○	○		○	○	
194	郷間英世	京都教育大学 発達障害学科	612-8522	京都市伏見区深草藤森町1	075-644-8106	○	○	○	○	○		○	
195	白石一浩	国立病院機構 宇多野病院小児科	616-8255	京都市右京区鳴滝音戸山町8	075-461-5121	○	○	○	○	○	○	○	○
	鈴木理恵	国立病院機構宇多野病院 小児神経科	616-8255	京都市右京区鳴滝音戸山町8	075-461-5121	○	○		○	○			
196	辻　雅弘	国立循環器病研究センター再生医療部	565-8565	吹田市藤白台5-7-1	06-6833-5012	○	○	○	○	○	○	○	○
197	服部春生	はっとりこどもクリニック	617-0826	長岡京市開田4-1-5 タナカビル2・3階	075-956-1222	○	○	○	○	○	○		
198	松井史裕	花ノ木医療福祉センター 小児科	621-0018	亀岡市大井町小金岐北浦37-1	0771-23-0701	○	○	○	○	○	○		
199		公立南丹病院小児科	629-0197	南丹市八木町八木上野25	0771-42-2510	○	○	○	○	○	○		
200	宮野前由利	京都市児童福祉センター 発達相談所	602-8155	京都市上京区竹屋町通千本東入主税町910-25	075-801-9182	○	○		○	○			
201	家森百合子	家森クリニック 小児リハビリテーション科	604-0846	京都市中京区両替町押小路上ル金吹町461、2-B	075-256-0225	○	○	○	○	○		○	○
202	吉岡　博	よしおかこどもクリニック	615-8106	京都市西京区川島滑樋町46-3-B	075-383-0070	○	○	○	○	○	○	○	○
203	吉田菜穂子	聖ヨゼフ 医療福祉センター	603-8323	京都市北区北野東紅梅町6	075-462-7621	○	○	○	○	○			○
大阪													
204	荒木　敦	中野こども病院小児科	535-0022	大阪市旭区新森4-13-17	06-6952-4771	○	○	○	○	○			
205	柏木　充	市立ひらかた病院小児科	573-1013	枚方市禁野本町2-14-1	072-847-2821	○	○	○	○				
206	下野九理子	大阪大学連合小児発達学研究科	565-0871	吹田市山田丘2-2		○	○	○	○	○	○	○	
207	鈴木照子	鈴木小児クリニック	532-0003	大阪市淀川区宮原4-4-2 新大阪グランドハイツ1階	06-6396-7555	○	○	○	○	○			○
208	田川哲三	大阪発達総合療育センター あさしお診療所	552-0004	大阪市港区夕凪2-5-3	06-6574-2521		○					○	
209	橘　雅弥	大阪大学医学部附属病院 小児医療センター「こどもの森」	565-0871	吹田市山田丘2-15	06-6879-5111	○	○	○	○	○		○	
210	田中順子	田中北梅田クリニック	530-0012	大阪市北区芝田2-8-10 光栄ビル3階	06-6372-5588	○	○		○	○			
211	田邉卓也	田辺こどもクリニック	573-1114	枚方市東山1-49-31	072-850-3030	○			○				○
212	玉井　浩	大阪医科大学小児科	569-8686	高槻市大学町2-7	072-683-1221	○	○	○	○	○	○		
213	塚本浩子	住友病院小児科	530-0005	大阪市北区中之島5-3-20	06-6443-1261				○	○			

156	平林伸一	長野県立こども病院神経小児科	399-8288	安曇野市豊科3100	0263-73-6700	○	○	○	○	○	○		
157	平林道子	松本協立病院小児科	390-8505	松本市巾上9-26	0263-35-5300	○	○	○	○	○	○	○	○
158	細谷まち子	佐久総合病院小児科	384-0301	佐久市臼田197	0267-82-3131	○	○						
159	宮川恭一	みやがわ小児科医院	380-0802	長野市上松2-21-7	026-232-3049	○	○		○	○			
岐阜													
160	今村　淳	岐阜県総合医療センター小児科	500-8717	岐阜市野一色4-6-1	058-246-1111	○	○	○	○	○	○	○	○
161	加藤善一郎	岐阜大学大学院連合創薬医療情報研究科生命情報研究領域	501-1194	岐阜市柳戸1-1	058-230-6386	○	○		○	○			
162	加藤智美	網代診療所	501-1183	岐阜市則松1-24	058-239-9255	○	○	○	○	○	○	○	○
163	西村正明	太田メディカルクリニック発達小児科	505-0041	美濃加茂市太田町2825	0574-26-2220	○	○	○	○	○			
静岡													
164	朝比奈美輝	浜松市発達医療総合福祉センター友愛のさと診療所				○	○		○	○	○	○	
165	伊藤政孝	青葉こどもクリニック	437-0023	袋井市高尾1780	0538-41-0852	○	○	○	○	○	○	○	○
166	岡田祐輔	静岡県 発達障害者支援センター	422-8031	静岡市駿河区有明町2-20	054-286-9038	○	○	○	○	○			
167	小林繁一	静岡県立こども病院 発達小児科	420-8660	静岡市葵区漆山860	054-247-6251	○	○	○	○	○	○	○	○
168	佐藤博美	伊豆医療福祉センター 発達行動小児科	410-2122	伊豆の国市寺家202	055-949-1165	○	○	○	○	○	○	○	
169	高橋幸利	国立病院機構 静岡てんかん・神経医療センター小児科	420-8688	静岡市葵区漆山886	054-245-5446			○					
170	平野恵子	磐田市立総合病院 小児科	438-8550	磐田市大久保512-3	0538-38-5000	○	○		○	○	○	○	
171	福田冬季子	浜松医科大学小児科学	431-3192	浜松市東区半田山1-20-1	053-435-2111	○	○	○	○	○	○	○	○
172	前田卿子	静岡医療福祉センター 児童部小児神経科	422-8006	静岡市駿河区曲金5-3-30	054-285-0753	○	○		○	○			
173	宮本　健	浜松医療センター小児科	432-8580	浜松市中区富塚町328	053-453-7111	○	○	○	○	○	○	○	○
174	安田寛二	国立病院機構 静岡富士病院小児科	418-0103	富士宮市上井出814	0544-54-0700	○	○	○	○	○			
愛知													
175	青木雄介	あいち小児保健医療総合センター	474-8710	大府市森岡町7-426	0562-43-0500	○			○	○			
176	伊藤 祐史	三河青い鳥医療療育センター	444-0002	岡崎市高隆寺町小屋場9-3	0564-64-7980	○	○	○	○	○	○	○	○
177	今枝正行	名古屋市北部地域療育センター小児科	451-0083	名古屋市西区新福寺町2-6-5	052-522-5277	○	○	○	○	○	○		○
178	今西理英子	日比クリニック	455-0003	名古屋市港区辰巳町41-15	052-651-7185	○	○		○	○		○	
179	齋藤伸治	名古屋市立大学大学院 医学研究科 新生児・小児医学分野	467-8601	名古屋市瑞穂区瑞穂町字川澄1	052-853-8246	○	○		○	○	○		
180	根来民子	日本福祉大学子ども発達学部心理臨床学科	470-3295	知多郡美浜町奥田	0569-87-2211			○	○	○	○		
181	藤本伸治	つつじが丘 こどもクリニック	478-0054	知多市つつじが丘4-23-3	0562-55-0111	○	○	○	○	○	○		
182	三浦清邦	豊田市こども発達センター	471-0062	豊田市西山町2-19	0565-32-8980				○	○			
183	森川建基	森川クリニック	460-0004	名古屋市中区新栄町1-3 日丸名古屋ビル8階	052-961-1709		○	○	○	○			
184	安井　泉	青い鳥医療療育センター	452-0822	名古屋市西区中小田井5-89	052-501-4079	○	○		○	○			
三重													
185	高橋純哉	国立病院機構三重病院小児科	514-0125	津市大里窪田町357	059-232-2531	○	○	○	○	○	○	○	○

126	前澤眞理子	鶴見大学短期大学部歯科衛生科	230-8501	神奈川県横浜市鶴見区鶴見2-1-3	045-581-1001	○	○	○	○	○	○	○	○
127	三宅捷太	みどりの家診療所	226-0022	横浜市緑区青砥町220-1	045-937-6102	○	○	○	○	○	○	○	○
128	山下純正	神奈川県立こども医療センター神経内科	232-8555	横浜市南区六ツ川2-138-4	045-711-2351	○	○	○	○	○	○		
129	山本寿子	川崎市立多摩病院	214-8525	川崎市多摩区宿河原1-30-37		○	○	○					
130	渡邉幸恵	横浜市戸塚地域療育センター小児科	244-0805	横浜市戸塚区川上町4-4	045-825-1181	○	○	○	○	○			○
新潟													
131	赤坂紀幸	新潟県はまぐみ小児療育センター小児科	951-8121	新潟市中央区水道町1-5932	025-266-0151	○	○	○	○	○	○	○	○
132	大橋　伯	新潟大学医歯学総合病院小児科	951-8520	新潟市中央区旭町通一番町754	025-223-6161	○	○	○	○	○	○		
133	小西　徹	長岡療育園	940-2135	長岡市深沢町2278-8	0258-46-6611	○	○	○	○	○			
134	東條　恵	発達クリニックぱすてる	950-0134	新潟市江南区曙町3-4-9	025-288-7200	○	○	○	○	○	○	○	○
135	遠山　潤	国立病院機構 西新潟中央病院小児科	950-2085	新潟市西区真砂1-14-1	025-265-3171		○		○	○			
136	福島　愛	新潟県はまぐみ小児療育センター小児科	951-8121	新潟市中央区水道町1-5932	025-266-0151	○	○	○	○	○	○	○	○
137	山崎佐和子	新潟南病院小児科	950-0943	新潟市中央区女池神明1-7-1	025-284-2511	○	○		○	○	○	○	
138	吉川秀人	あたごこどもクリニック	940-0038	長岡市琴平1-2-1	0258-36-5810	○	○	○	○	○	○	○	
富山													
139	本郷和久	富山県リハビリテーション病院・こども支援センター	931-8517	富山市下飯野36	076-438-2233	○	○	○	○	○	○	○	
140	八木信一	八木小児科医院	930-0852	富山市奥田寿町7-14	076-441-0911	○	○	○	○	○	○	○	
141	山下富子	国立病院機構 富山病院小児科	939-2692	富山市婦中町新町3145	076-469-2135	○	○	○	○		○	○	
石川													
142	泉　達郎	国立病院機構七尾病院小児科	926-8531	七尾市松百町八部3-1	0767-53-1890	○	○	○	○	○	○	○	○
143	新井田 要	金沢医科大学病院 集学的医療部 遺伝子医療センター	920-0293	河北郡内灘町大学1-1	076-286-3511	○	○	○	○	○			
144	林　律子	のぞみ小児科医院	921-8064	金沢市八日市4-373	076-269-8585	○	○	○	○	○			
145	松島昭廣	国立病院機構 七尾病院小児科	926-8531	七尾市松百町八部3-1	0767-53-1890	○				○			
146	横井　透	横井小児科内科医院	920-0967	金沢市菊川1-10-3	076-262-8551	○	○		○	○	○		
福井													
147	川谷正男	福井大学医学部附属病院小児科・子どものこころ診療部	910-1193	吉田郡永平寺町松岡下合月23-3	0776-61-3111	○	○	○	○	○	○	○	
148	滝口慎一郎	福井大学医学部附属病院子どものこころ診療部	910-1193	吉田郡永平寺町松岡下合月23-3	0776-61-3111	○	○	○	○	○	○	○	○
149	友田明美	福井大学子どものこころの発達研究センター	910-1193	福井県吉田郡永平寺町松岡下合月23-3	0776-61-8677	○	○	○	○	○	○	○	○
山梨													
150	相原正男	山梨大学医学部健康・生活支援看護学講座	409-3898	中央市下河東1110	055-273-1111	○	○	○	○	○	○	○	○
151	青柳閣郎	山梨県立あけぼの医療福祉センター	407-0046	韮崎市旭町上条南割3251-1	0551-22-6111	○	○			○			
152	畠山和男	山梨県立あけぼの医療福祉センター小児科	407-0046	韮崎市旭町上條南割3251-1	0551-22-6111	○	○		○	○	○		
153	林邉英正	林辺こどもクリニック	405-0006	山梨市小原西1045-1	0553-20-1137	○			○	○			
長野													
154	稲葉雄二	長野県立こども病院	399-8288	安曇野市豊科3100	0263-73-6700	○	○	○	○	○	○	○	
155	柴　直子	信州大学医学部附属病院小児科	390-8621	松本市旭3-1-1	0263-35-4600	○	○		○	○	○	○	

91	鈴木文晴	東京都立東大和療育センター小児神経科	207-0022	東大和市桜が丘3-44-10	042-567-0222	○	○	○	○	○			
92	田角　勝	昭和大学病院小児科	142-8666	品川区旗の台1-5-8	03-3784-8565	○	○	○	○	○	○	○	
93	中川栄二	国立精神·神経医療研究センター病院小児神経科	187-8551	小平市小川東町4-1-1	042-341-2711	○	○	○	○	○	○	○	○
94	沼部博直	お茶の水大学基幹研究院自然科学系	112-8610	文京区大塚2-1-1	03-5978-5587	○			○	○			
95	根本しおり	しおり小児科	182-0024	調布市布田2-44-1	042-440-7213	○	○	○	○	○	○	○	○
96	花岡　繁	東京都立北療育医療センター城南分園	145-0065	大田区東雪谷4-5-10	03-3727-0521	○	○		○	○			
97	福水道郎	医療法人社団 昌仁醫修会 瀬川記念小児神経学クリニック	101-0062	千代田区神田駿河台2-8 瀬川ビル2階	03-3294-0371	○	○	○	○	○	○	○	○
98	藤井靖史	帝京大学医学部小児科	173-8683	板橋区加賀2-11-1	03-3964-4090	○	○	○		○			
99	藤田之彦	日本大学医学部附属板橋病院	173-8610	板橋区大谷口上町30-1	03-3972-8111	○	○	○	○	○	○	○	○
100	渕上達夫	日本大学病院総合診療センター・小児科	101-8309	千代田区神田駿河台1-6	03-3293-1711	○	○		○	○		○	○
101	古荘純一	公立昭和病院小児科	187-8510	小平市天神町2-450	042-461-0052	○	○	○	○	○	○	○	○
102	星加明徳	東京医科大学病院	160-0023	新宿区西新宿6-7-1	03-3342-6111	○	○				○	○	
103	星野恭子	小児神経学クリニック	101-0062	千代田区神田駿河台2-8 瀬川ビル2階	03-3294-0371	○	○	○	○	○	○	○	
104	星野英紀	帝京大学 小児科	173-8606	東京都板橋区加賀2-11-1	03-3964-1211	○	○	○	○	○	○	○	○
105	松井秀司	東京小児療育病院小児科	208-0011	武蔵村山市学園4-10-1	042-561-2521	○	○	○	○	○	○	○	○
107	三橋隆行	慶應義塾大学病院小児科	160-8582	新宿区信濃町35	03-3353-1211	○	○	○	○	○			
108	宮尾益知	どんぐり発達クリニック	157-0062	世田谷区南烏山4-14-5	03-5314-3288	○	○	○	○	○	○		
109	宮川美知子	石川医院	174-0071	板橋区常盤台1-61-3	03-3960-3940	○	○	○	○	○		○	
110	宮島　祐	東京医科大学病院小児科	160-0023	新宿区西新宿6-7-1	03-3342-6111	○	○		○	○			
111	矢島邦夫	やじまクリニック小児神経外来	165-0033	中野区若宮2-1-23	03-3339-1811	○	○	○	○	○			
112	山本俊至	東京女子医科大学附属遺伝子医療センター	162-0054	新宿区河田町10-22	03-5269-7509	○	○		○	○			
神奈川													
113	江尻和夫	えじり子供クリニック	211-0005	川崎市中原区新丸子町734-1　アベニオ新丸子1階	044-711-3040	○	○	○	○	○			
114	大津真優	聖テレジア会小さき花の園小児神経科	248-0033	鎌倉市腰越1-2-1	0467-31-6703	○	○		○	○		○	○
115	熊谷公明	横浜総合病院	225-0025	横浜市青葉区鉄町2201-1	045-902-0001	○	○	○	○		○	○	○
116	栗原まな	神奈川リハビリテーション病院小児科	243-0121	厚木市七沢516	046-249-2503	○	○	○	○	○		○	○
117	宍倉啓子	(社福)訪問の家朋診療所	247-0034	横浜市栄区桂台中4-7	045-895-0606	○	○		○		○	○	
118	高木一江	横浜市中部地域療育センター	232-0007	横浜市南区清水ケ丘49	045-253-0358	○	○	○	○	○	○	○	○
119	武下草生子	横浜市立大学附属市民総合医療センター 小児総合医療センター	232-0024	横浜市南区浦舟町4-57	045-261-5656	○	○		○		○		○
120	二瓶健次	東京西徳洲会病院小児医療センター神経・発達科	196-0003	昭島市松原町3-1-1	042-500-4433	○	○	○	○	○	○		
121	根津敦夫	横浜医療福祉センター港南	234-0054	横浜市港南区港南台4-6-20	045-830-5757	○	○	○	○	○	○	○	
122	原　仁	横浜市中部地域療育センター	232-0007	横浜市南区清水ケ丘49	045-253-0358	○	○	○	○	○			
123	広瀬宏之	横須賀市療育相談センター	238-8530	横須賀市小川町16	046-822-8913	○	○	○	○		○	○	○
124	藤田武久	日本医科大学武蔵小杉病院小児科	211-8533	川崎市中原区小杉町1-396	044-733-5181		○		○		○	○	
125	細田のぞみ	相模原療育園小児科	252-0334	相模原市南区若松1-21-9	042-749-6316	○	○	○	○	○	○	○	○

57	太田正康	JAとりで総合医療センター小児科	302-0022	取手市本郷2-1-1	0297-74-5551	○	○		○	○		○	
58	神山　潤	東京ベイ・浦安市川医療センター	279-0001	浦安市当代島3-4-32	047-351-3101	○	○		○	○	○	○	
59	小橋孝介	松戸市立総合医療センター	270-2269	松戸市千駄堀933-1	047-712-2511	○	○	○	○	○			○
60	榊原方枝	船橋総合病院	273-0864	船橋市北本町1-13-1	047-425-1151	○	○	○	○	○			
61	杉田克生	千葉大学教育学部基礎医科学	263-8522	千葉市稲毛区弥生町1-33	043-290-2628		○	○	○	○	○	○	○
62	舘野昭彦	東邦大学医療センター佐倉病院小児科	285-8741	佐倉市下志津564-1	043-462-8811	○	○	○	○	○	○	○	○
63	村田かおり	皆春堂かおり小児科	270-2261	松戸市常盤平5-12-6 第一泉ビル201	047-311-2500	○	○	○	○	○			
64	森　雅人	松戸市立病院 小児医療センター小児科	271-8511	松戸市上本郷4005	047-363-2171	○	○	○	○	○			
東京													
65	秋山千枝子	あきやま子どもクリニック	181-0012	三鷹市上連雀4-3-3 川口ビル1階	0422-70-5777	○	○	○	○	○			○
66	麻生誠二郎	日本赤十字社 医療センター小児科	150-8935	渋谷区広尾4-1-22	03-3400-1311	○	○	○	○	○	○	○	○
67	麻生昌子	麻生小児科医院	134-0088	江戸川区西葛西6-9-12 第三吉野ビル2階	03-5659-5220	○	○	○	○	○			
68	有本　潔	島田療育センター	206-0036	多摩市中沢1-31-1	042-374-2071	○	○	○	○	○	○		
69	安西有紀	東京ベイ・浦安市川医療センター	279-0001	浦安市当代島3-4-32	047-351-3101	○	○	○	○	○	○	○	
70	石﨑朝世	公益社団法人発達協会 王子クリニック	115-0044	北区赤羽南2-10-20	03-3903-3311	○	○	○	○	○	○	○	○
71	稲垣真澄	国立精神・神経医療研究センター　精神保健研究所 知的障害研究部	187-8553	小平市小川東町4-1-1	042-346-2711	○	○	○	○	○			
72	岩崎博樹	多摩北部医療センター 小児科	189-8511	東村山市青葉町1-7-1	042-396-3811	○	○	○	○	○	○	○	○
73	内海康文	うつみ医院小児科	174-0073	板橋区東山町11-10	03-3956-2482	○	○	○	○	○		○	
74	大澤真木子	大塚駅前診療所	170-0005	豊島区南大塚3-43-11 福祉財団ビル6階	03-6907-3536	○	○	○	○	○		○	○
75	大島早希子	板橋区役所前こどもクリニック 小児科	173-0004	板橋区板橋3-14-1メディアコンプレックスビル1階	03-3963-1230	○	○	○	○	○	○	○	
76	大瀧　潮	島田療育センター	206-0036	多摩市中沢1-31-1	042-374-2071	○	○		○	○			
77	岡　明	東京大学医学部小児科	113-8655	文京区本郷7-3-1	03-3815-5411	○	○	○	○	○	○	○	○
78	加我牧子	東京都立 東部療育センター	136-0075	江東区新砂3-3-25	03-5632-8070	○	○	○	○	○			
79	加賀佳美	国立精神・神経医療研究センター精神保健研究所 知的障害研究部小児神経科	187-8551	小平市小川東町4-1-1	042-341-2711	○	○	○	○				
80	勝盛　宏	河北総合病院小児科	166-0001	杉並区阿佐谷北1-7-3	03-3339-2121	○	○	○	○	○	○	○	○
81	加藤光広	昭和大学病院小児科	142-8666	品川区旗の台1-5-8	03-3784-8565	○	○	○	○	○	○		○
82	久保田雅也	国立成育医療研究センター病院神経内科	157-8535	世田谷区大蔵2-10-1	03-3416-0181		○		○		○		
83	小泉要介	小泉医院小児科	183-0051	府中市栄町1-25-7	042-361-5049		○					○	
84	小枝達也	国立成育医療研究センター こころの診療部	157-8535	世田谷区大蔵2-10-1	03-3416-0181	○	○	○	○	○	○		○
85	小島　明	こじまこどもクリニック	121-0813	足立区竹の塚2-20-8-301	03-5831-1300		○	○	○			○	
86	斎藤加代子	東京女子医科大学臨床ゲノムセンター	162-8666	新宿区河田町8-1	03-3353-8111	○	○	○	○	○		○	
87	澁井展子	しぶいこどもクリニック 小児科	145-0064	大田区上池台2-40-11プラスポイントB1階	03-3748-0415	○	○	○	○	○			
89	清水教一	東邦大学医療センター 大橋病院小児科	153-8515	目黒区大橋2-17-6	03-3468-1251	○	○	○	○	○			
90	洲鎌倫子	公益社団法人発達協会 王子クリニック	114-0044	北区赤羽南2-10-20	03-3903-3311	○	○	○	○	○	○	○	

山形													
27	中村和幸	山形大学医学部附属病院	990-9585	山形市飯田西2-2-2	023-633-1122	○	○	○	○	○	○	○	○
28	山本志保	山形大学医学部付属病院小児科	990-9585	山形市飯田西2-2-2	023-633-1122	○	○	○	○	○	○		
福島													
29	横山 浩之	福島県立医科大学ふくしま子ども・女性医療支援センター小児科	960-1295	福島市光が丘1	024-547-1385	○	○	○	○	○	○	○	○
茨城													
30	家島　厚	愛生会記念茨城福祉医療センター	310-0836	水戸市元吉田町1872-1	029-353-7171	○	○	○	○	○	○		○
31	岩﨑信明	茨城県立医療大学付属病院小児科	300-0394	稲敷郡阿見町阿見4669-2	029-888-9200	○							
32	大戸 達之	筑波大学附属病院小児科	305-8576	つくば市天久保2-1-1	029-853-3210	○	○		○	○			
33	竹谷俊樹	国立病院機構茨城東病院小児科	319-1113	那珂郡東海村照沼825	029-282-1151	○	○	○	○	○	○	○	○
34	田中竜太	茨城県立こども病院	311-4145	水戸市双葉台3-3-1	029-254-1151	○	○		○	○	○		
35	中島啓介	JAとりで総合医療センター	302-0022	取手市本郷2-1-1	0297-74-5551	○	○	○	○				
栃木													
36	阿部敏明	あしかがの森足利病院	326-0011	足利市大沼田町615	0284-91-0611	○	○	○	○	○	○		
37	岡田恭子	岡田こどもクリニック	327-0832	佐野市植上町1408-2	0283-20-5552	○	○	○	○			○	
38	小黒範子	とちぎリハビリテーションセンター小児科	320-8503	宇都宮市駒生町3337-1	028-623-6101	○	○	○	○	○		○	○
39	下泉秀夫	国際医療福祉リハビリテーションセンターなす療育園	324-0011	大田原市北金丸2600-7	0287-20-5100	○	○	○	○	○	○	○	○
40	道廣成実	あしかがの森足利病院小児科	326-0011	足利市大沼田町615	0284-91-0611	○	○		○	○	○	○	○
群馬													
41	今泉友一	いまいずみ小児科	371-0023	前橋市本町1-11-8	027-220-1333	○	○	○	○	○		○	
42	須永康夫	群馬中央病院小児科	371-0025	前橋市紅雲町1-7-13	027-221-8165	○	○	○	○	○	○	○	
43	竹澤伸子	竹澤小児科クリニック	371-0037	前橋市上小出町2-37-16	027-260-7750	○	○	○	○	○		○	○
44	本島敏乃	本島総合病院小児科	373-0033	太田市西本町3-8	0276-22-7131	○	○		○	○	○	○	
45	桃井真里子	両毛整肢療護園	376-0013	桐生市広沢町1-2648-1	0277-54-1182	○	○	○	○	○	○	○	○
埼玉													
46	新井幸男	埼玉医科大学かわごえクリニック神経小児科	350-1123	川越市脇田本町21-7	049-238-8111		○						
47	小出博義	ハロークリニック	355-0008	東松山市大谷1064	0493-36-1086	○	○	○	○	○	○	○	○
48	作田亮一	獨協医科大学越谷病院子どものこころ診療センター	343-8555	越谷市南越谷2-1-50	048-965-1111	○	○	○	○	○	○	○	○
49	下平雅之	川口市立医療センター小児科	333-0833	川口市西新井宿180	048-287-2525	○	○	○	○	○	○		
50	高田栄子	埼玉医科大学総合医療センター小児科	350-8550	川越市鴨田1981	049-228-3616	○	○	○	○	○			
51	中野和俊	なかの小児科クリニック	356-0004	ふじみ野市上福岡6-4-5メディカルセンター上福岡1階A	049-267-8881	○	○	○	○	○			
52	平井克明	平井こどもクリニック	333-0801	川口市東川口5-30-6	048-290-4155		○			○			
53	三輪あつみ	新座志木中央総合病院小児科	352-0001	新座市東北1-7-2	048-474-7211	○	○		○	○	○	○	○
54	山内秀雄	埼玉医科大学病院小児科	350-0495	入間郡毛呂山町毛呂本郷38	049-276-1111	○	○	○	○	○	○		
千葉													
55	石井光子	千葉県千葉リハビリテーションセンター小児科	266-0005	千葉市緑区誉田町1-45-2	043-291-1831	○	○		○	○			
56	内川英紀	東千葉メディカルセンター小児科	283-8686	東金市丘山台3-6-2	0475-50-1199	○	○		○	○	○		

日本小児神経学会　発達障害診療医師名簿

http://child-neuro-jp.org/visitor/sisetu2/images/hdr/hattatsulist.pdf
※2019年1月20日現在の表をもとに一部修正（勤務先が変更されている場合もありますので、詳細は各施設まで直接ご確認ください）。

No.	氏　名	所属施設	郵便番号	住　所	電話番号	1 広汎性発達障害（自閉症）	2 AD/HD	3 LD	4 知的障害	5 言語発達障害	6 トゥレット障害	7 心身症	8 被虐待児
北海道													
1	荒木章子	北海道こども心療内科氏家医院小児科	065-0043	札幌市東区苗穂町3-2-27	011-711-3450	○	○	○	○	○	○		
2	伊藤淳一	北海道社会福祉事業団太陽の園発達診療相談室	052-8585	伊達市幌美内町36-58	0142-23-3549	○	○	○	○	○	○		○
3	大野和代	ゆりの樹クリニック	090-0836	北見市東三輪2-66-3	0157-57-5131	○	○	○	○	○	○		
4	沖　潤一	旭川厚生病院小児科	078-8211	旭川市1条通24-111	0166-33-7171	○	○	○	○	○	○	○	○
5	柴田睦郎	北海道医療大学病院小児科	002-8072	札幌市北区あいの里2条5	011-778-7575				○	○		○	
6	須藤　章	楡の会こどもクリニック小児神経科、精神科	004-0007	札幌市厚別区厚別町下野幌49	011-898-3934	○	○	○	○	○	○	○	○
7	諏訪清隆	旭川赤十字病院小児科	070-8530	旭川市曙1条1-1-1	0166-22-8111	○	○	○	○	○	○	○	○
8	舘　延忠	札幌医科大学小児科	060-8556	札幌市中央区南1条西16	011-611-2111	○	○	○	○	○	○		
9	田中　肇	北海道立旭川肢体不自由児総合療育センター	071-8142	旭川市春光台2条1-43	0166-51-2126	○	○	○	○	○	○	○	○
10	長　和彦	国立病院機構旭川医療センター小児科	070-8644	旭川市花咲町7-4048	0166-51-3161	○	○	○	○	○	○	○	○
11	廣瀬三恵子	函館中央病院小児科	040-0011	函館市本町33-2	0138-52-1231	○	○	○	○	○	○	○	○
12	皆川公夫	札幌緑花会緑ヶ丘療育園	063-0003	札幌市西区山の手三条12-3-12	011-611-9301	○	○	○	○	○	○	○	○
13	宮本晶恵	北海道立旭川肢体不自由児総合療育センター小児科	071-8142	旭川市春光台2条1-43	0166-51-2126	○	○	○	○	○	○	○	○
14	若井周治	中の島診療所	062-0922	札幌市豊平区中の島2条2-2-1	011-831-2387	○	○	○	○	○	○		
青森													
15	小出信雄	むつ総合病院小児神経科	035-8601	むつ市小川町1-2-8	0175-22-2111	○	○	○	○		○	○	
16	品川友江	国立病院機構 青森病院	038-1331	青森市浪岡大字女鹿沢字平野155-1	0172-62-4055	○	○	○	○	○			
17	野村由美子	青森市保健所	030-0962	青森市佃2-19-13	017-765-5280	○	○	○	○	○		○	○
18	村中秀樹	むらなか小児科内科	036-8087	弘前市早稲田2-7-2	0172-29-3232	○	○	○	○	○	○	○	○
19	安田すみ江	健生病院小児科	036-8045	弘前市扇町2-2-1	0172-55-7717	○	○	○	○	○			
20	吉村伊保子	青森県立さわらび療育福祉センター精神科	036-8385	弘前市中別所平山168	0172-96-2121	○	○		○	○	○		
宮城													
21	田中総一郎	（医）はるたか会あおぞら診療所ほっこり仙台	989-3126	仙台市青葉区落合6-3-12	022-393-6505				○				
22	奈良隆寛	宮城県立こども病院リハビリテーション科	989-3126	仙台市青葉区落合4-3-17	022-391-5111	○	○	○	○	○			
23	桶澤圭介	宮城県立こども病院発達診療科	989-3126	仙台市青葉区落合4-3-17	022-391-5111	○	○	○	○	○	○	○	○
秋田													
24	木村　滋	日本赤十字秋田看護大学看護学部	010-1493	秋田市上北手猿田字苗代沢17-3	018-829-4000	○	○	○	○	○	○	○	○
25	後藤敦子	今村記念クリニック小児科	010-0141	秋田市下新城長岡毛無谷地265	018-872-1313	○	○	○	○	○	○	○	○
26	澤石由記夫	秋田県立医療療育センター小児科	010-1407	秋田市上北手百崎字諏訪ノ沢3-128	018-826-2401	○	○	○	○	○	○	○	○

水野　賀史	村川　和義	森　達夫	八木　淳子	山脇かおり		

認定期間：2017（H29）年4月16日～2022（H34）年9月30日

會田久美子	青沼架佐賜	安藤久美子	伊藤　弘道	稲月まどか	井上　勝夫	今枝　正行
浦野　葉子	大島早希子	大日向純子	岡田　剛	岡田　祐輔	荻野　高敏	梶　瑞佳
梶梅あい子	加藤　志保	川谷　正男	河辺　義和	河村　雄一	岸川ゆかり	木野田昌彦
小林　由佳	佐藤　珠己	重里　敏子	洲鎌　倫子	杉浦　信子	鈴木　郁子	鈴村　俊介
鷲見　聡	須山　聡	諏訪　清隆	五月女友美子	竹重　博子	竹中佳奈栄	津田　明美
續　晶子	戸田　典子	友田　明美	永井　幸代	中野加奈子	中村　みほ	西村　一
羽田　紘子	畠中　雄平	林　隆	林　優子	東　誠	平谷美智夫	平林　道子
松本　静子	宮島　祐	三輪あつみ	森　健治	森　優子	森地振一郎	安本真由美
山下　淳	山下　浩	山田　慎二	山本　崇晴	渡邊　恵里		

認定期間：2017（H29）年9月17日～2022（H34）年9月30日

大谷　良子	尾崎　裕彦	重安　良恵	鈴木　由紀	洲濱　裕典	関口　一恵	田中　恭子
出口貴美子	中澤　聡子	早川　宜佑	吉川　陽子	渡部　泰弘		

認定期間：2017（H29）年10月8日～2023（H35）年3月31日

赤松　馨	新井　卓	飯田　信也	井川　典克	石井　卓	伊東 かほり	稲垣　卓司
今村　明	岩坂　英巳	上原　徹	大澤多美子	大髙　一則	大瀧　和男	大槻　一行
大屋　章利	岡田　章	奥野　正景	小野　和哉	小野　靖樹	小野　善郎	金生 由紀子
神谷　純	亀岡　智美	鬼頭　有代	木村　一優	清田　晃生	黒崎　充勇	小西　眞行
齋藤　寿昭	才野　均	笹野　京子	佐藤 起代江	清水　章子	清水　健次	杉山　信作
高岡　健	滝井　泰孝	武井　明	武市　幸子	田宮　聡	鄭　庸勝	傳田　健三
豊永　公司	中村　道子	中山　浩	夏苅　郁子	二階堂 正直	西川　瑞穂	西本 佳世子
根來　秀樹	野呂　浩史	箱守　英雄	原田　謙	藤田　基	堀　孝文	本城　秀次
本田　輝行	本多　奈美	増子　博文	水本　有紀	皆川　恵子	蓑和　路子	宮口　幸治
棟居　俊夫	村瀬　聡美	山崎　透	山下　洋	山田 佐登留	山野 かおる	横山 富士男
吉田　敬子						

認定期間：2018（H30）年9月9日～2024（H36）年9月30日

伊東　愛子	上土井貴子	宮崎　睦子				

認定期間：2018（H30）年10月14日～2024（H36）年3月31日

赤間　史明	朝倉　新	疇地　道代	新井　康祥	安藤　悦子	安藤　咲穂	飯田　順三
石黒　裕美	稲井　彩	稲垣　貴彦	井上喜久江	今井　淳子	今西　宏之	岩佐　光章
上田昇太郎	江尻　真樹	煙石　洋一	遠藤　明代	遠藤　大輔	遠藤　太郎	太田　真弓
大塚　達以	大橋　圭	大和田啓峰	沖野　剛志	小野　真樹	小野　美樹	加藤　郁子
川邉憲太郎	河野　美帆	北添　紀子	木村　慶子	小泉ひろみ	小坂　浩隆	児玉真理子
小寺澤敬子	小林奈津子	齋藤万比古	酒井　透	坂野　真理	佐々木祥乃	篠田　直之
柴田　滋文	白川　嘉継	杉本　篤言	鈴木　悠介	髙梨　淑子	髙橋　有記	髙宮　靜男
瀧澤　紫織	田中　容子	辻井　農亜	弟子丸元紀	陶山　寧子	都丸　文子	永井　貴裕
長沢　崇	中島　公博	中島　玲	長田　陽一	中村　晃士	中村　和彦	新美　妙美
早川　洋	早田　聡宏	原　仁	華園　力	人見　佳枝	廣内　千晶	藤田　梓
藤田　光江	古橋　功一	松井　裕介	松宮　徹	宮地　泰士	棟近　孝之	森長　修一
山﨑　知子	山科　満	山田　謙一	山元美和子	吉川　徹	義村さや香	和田　恵子

子どものこころ専門医機構

[http://kks-kokoro.jp/senmoni/doctor_list.html]

●専門医一覧

認定期間：2015（H27）年4月18・19日～2020（H32）年9月30日

赤坂 徹	綾部 敦子	井口 敏之	石﨑 優子	石谷 暢男	石原 明子	内田 創
内田 祐子	大城 聡	大野 貴子	岡田あゆみ	荻原 大	奥見 裕邦	小澤 美和
梶原 荘平	片山 威	神山 八弓	神原 雪子	北山 真次	木下 敏子	窪田 博道
河野 政樹	輿石 薫	小林 繁一	小林 穂高	小柳 憲司	近喰ふじ子	齊藤 久子
齋藤富美子	櫻井 優子	佐藤 明弘	柴田 光規	島津 智之	白石 一浩	白神 浩史
城間 直秀	杦浦 裕子	鈴木 雄一	須見よし乃	多賀 俊明	高尾 龍雄	武内 治郎
竹中 義人	多田 光	田中 英高	地嵜 和子	長 和彦	冨田 和巳	直井 高歩
永井 章	長濱明日香	永光信一郎	中村美奈子	錦井 友美	新田 初美	芳賀 彰子
羽場 敏文	林 丈二	福田ゆう子	藤井智香子	藤井 由里	藤田 一郎	藤田 仁志
藤田 之彦	渕上 達夫	別處 力丸	星加 明德	細木 瑞穂	松島 礼子	港 敏則
村上佳津美	安島 英裕	山上 貴司	山内 順子	山崎 知克	山根 知英子	吉田 誠司
吉野 弥生						

認定期間：2015（H27）年9月13日～2020（H32）年9月30日

會田 千重	相原 加苗	荒井 宏	荒木 陽子	石川 真吾	石塚 佳奈子	泉本 雄司
伊藤 一之	上野 千穂	宇佐美 政英	大石 聡	大園 啓子	大重 耕三	小田切 啓
小保方 馨	加藤 晃司	川岸 久也	河原みどり	簡野 宗明	桐山 正成	久能 勝
熊﨑 博一	栗木 紀子	黒江 美穂子	高 富栄	小杉 恵	小松崎 圭	坂本 奈緒
作田 泰章	笹川 嘉久	澤田 将幸	清水 喜貴	庄 紀子	白尾 直子	末廣 佑子
杉村 共英	鈴木 大	関谷 秀子	仙谷 倫子	宋 大光	鄭 理香	東海林 岳樹
長岡 舞子	中島 智美	中土井 芳弘	中西 大介	中西 葉子	福地 成	藤田 純一
藤山 雅晴	間宮 由真	三上 克央	山内 由香	山村 哲史	山室 和彦	吉田 弘和

認定期間：2016（H28）年9月11日～2021（H33）年9月30日

東 佐保子	飯野 彰人	井上久美子	大賀 由紀	大宜見義夫	太田 秀紀	岡本 直之
梶浦 貢	作田 亮一	龍田 直子	戸口 直美	中尾 亮太	橋本 恵子	東 飛鳥
深井 善光	湊崎 和範	宮本 信也	柳本 嘉時			

認定期間：2016（H28）年10月30日～2022（H34）年3月31日

井口 英子	石山 菜奈子	泉本 夏子	今城崇乃子	岩垂 喜貴	上月 遥	牛島 洋景
江里口陽介	太田 豊作	大西 雄一	大原 聖子	小川 しおり	沖野 慎治	奥 薫
梶本 隆哉	加藤 良美	金子 浩二	河合 健彦	菊地 秀明	岸本 光一	小平 かやの
小平 雅基	近藤 強	近藤 直司	佐藤 宗一郎	下山 修司	城野 匡	関 正樹
高橋 純平	高橋 秀俊	高橋 雄一	高柳 みずほ	伊達 健司	館農 勝	田中 恭子
谷口 佳美	豊原 公司	長倉 いのり	中谷 英夫	成重 竜一郎	蓮舎 寛子	花房 昌美
林 敬子	林 みづ穂	原田 聰志	廣瀬 公人	福原 里美	藤田 観喜	船曳 康子
細金 奈奈	補永 栄子	堀内 史枝	松田 久実	松田 文雄	水野 智之	南 達哉
峯川 章子	三宅 和佳子	宮脇 大	村上 健	村上 真紀	安田 由華	山田 敦朗
山本 朗	結城 麻奈	横田 周三	横田 伸吾	和氣 玲	渡部 京太	

認定期間：2016（H28）年11月12日～2022（H34）年3月31日

浅井　朋子	石﨑　朝世	石田　悠	稲野　靖枝	稲葉　雄二	井上　祐紀	井幕　充彦
牛田　美幸	宇野　正章	江間　彩子	円城寺しづか	小穴　信吾	岡田　由香	奥山眞紀子
角田三穂子	加藤　秀一	柄澤　弘幸	小石　誠二	小泉　慎也	小枝　達也	小林潤一郎
阪上　由子	神内　幾代	杉山登志郎	大東　寧代	高木　一江	高田　哲	高橋　純哉
滝口慎一郎	佃　宗紀	永瀬　裕朗	西村　悟子	原　郁子	原　雄二郎	広瀬　宏之
福田　郁江	藤井 秀比古	星野　崇啓	前田　洋佐	桝屋　二郎	松岡　剛司	松本　慶太

ま行

や行

ら行

A～Z

た行

な行

は行

■ さくいん

あ行

か行

さ行

【執筆】

吉田弘道（よしだ・ひろみち）

専修大学人間科学部心理学科教授、発達臨床心理学専攻。
著書に『乳幼児健診における境界児――どう診てどう対応するか』診断と治療社、2010、(分担執筆)、『遊戯療法　二つのアプローチ』福村出版、2010(共著)、『心理相談と子育て支援に役立つ親面接入門』福村出版、2013(単著)などがある。

鏡　直子（かがみ・なおこ）

特定非営利活動法人銀杏の会 御茶ノ水発達センター長。
臨床心理士、精神保健福祉士。
自閉症を中心とする発達障害児・者の治療教育や家族相談等に従事している。
著書に『StageⅣの心の世界を追って――認知発達治療とその実践マニュアル』日本文化科学社、2013（共著）などがある。

土田玲子（つちだ・れいこ）

県立広島大学保健福祉学部作業療法学科、県立広島大学総合学術研究科保健福祉学専攻教授。
作業療法士、日本感覚統合学会会長、特別支援教育士SV。
著書に『でこぼこした発達の子ども達――発達障害・感覚統合障害を理解し、長所を伸ばすサポートの方法』すばる舎、2011（監訳）、『感覚統合Ｑ＆Ａ　改訂第２版――子どもの理解と援助のために』協同医書出版社、2013（監修）などがある。

梅田真理（うめだ・まり）

国立特別支援教育総合研究所発達障害教育情報センター統括研究員
宮城県立拓桃養護学校、知的障害特殊学級、通級指導教室、仙台市発達相談支援センターなどを経て現職。専門は、発達障害、保護者支援、教育相談、通級による指導。日本LD学会常任理事。特別支援教育士SV。

長岡恵理（ながおか・えり）

早稲田大学大学院教職研究科講師。早稲田大学保健センター学生相談室心理専門相談員。多摩市教育委員会特別支援教育スーパーバイザー他。
言語聴覚士、臨床心理士、特別支援教育士SV。
専門は、発達障害児・者のコミュニケーション支援。著書に『ことばの発達を促す手作り教材』学苑社、1990（共著）などがある。

鐙　重美（あぶみ・しげみ）

1980年、国立身体障害者リハビリテーションセンター学院聴能言語専門職員養成課程卒業後、八千代市ことばの相談室、横浜市南部地域療育センター、東部地域センター、中部地域療育センターにて言語聴覚士として勤務。

執筆者紹介

【責任編集】

原　仁（はら・ひとし）

社会福祉法人青い鳥 小児療育相談センター
発達障害を専門とする小児科医。医学博士。1976年、千葉大学医学部卒業。その後、東京女子医科大学小児科講師、国立精神・神経センター精神保健研究所室長、国立特殊教育総合研究所部長を歴任し、横浜市中部地域療育センター所長を経て現職。
著書に、『家族のための アスペルガー症候群・高機能自閉症がよくわかる本』池田書店（2013）、『発達障害専門医Dr.原の臨床覚書』明治図書出版(2011)、『イラスト版自閉症のともだちを理解する本』合同出版(2010) など。

【編集】

上野一彦（うえの・かずひこ）

東京学芸大学名誉教授、日本心理学諸学会連合理事長、LD教育の第一人者。全国LD親の会、日本LD学会設立に携わる。一般財団法人特別支援教育士資格認定協会副理事長。学校心理士、特別支援教育士SV、文部科学省初等中等教育局視学委員。ITPA、PVT-R（絵画語い検査）、LDI-R（LD調査票）WISC-III、IV、などの尺度開発。
著書に『LD（学習障害）の子どもたち』大月書店、1998（編）、『LD（学習障害）とADHD』（講談社）「LDとディスレクシア」（講談社）、「LDのすべてがわかる本」（講談社）「LD教授（パパ）の贈り物」講談社、2007（単著）など多数。

笹森洋樹（ささもり・ひろき）

国立特別支援教育総合研究所企画部・統括研究員
横浜市立小学校通級指導教室担当、横浜市教育委員会指導主事を経て現職。専門は、発達障害教育、情緒障害教育、通級による指導、学校・教師コンサルテーション。特別支援教育士SV。著書に、『はじめての通級指導教室担当BOOK　通級指導教室運営ガイド』明治図書出版、2014（共著）、『新教育課程における発達障害のある子どもの自立活動の指導』明治図書出版、2009（共著）『明日からできる！　教室での特別支援教育』（別冊教育技術2009年８月号、小学館、（共著）など。

長田洋和（おさだ・ひろかず）

専修大学人間科学部教授、日本乳幼児医学心理学会評議員、編集委員。日本発達障害学会評議員。
精神保健福祉士、臨床心理士。博士（保健学）。専門は児童思春期メンタルヘルス。練馬区心身障害者福祉センターで心理判定員として発達障害児および親へのカウンセリング、コンサルテーションに携わる。
2003年、東京大学大学院医学系研究科博士課程修了。同年、専修大学専任講師、2009年、米国コロンビア大学医学部客員准教授、2011年から現職。主な著書に『児童心理学の進歩2009年度版（第8章、発達障害を担当）』金子書房（2009）、『子どもの臨床心理アセスメント～子ども・家族・学校支援のために（発達障がいのアセスメントを担当）』（2010）金剛出版など。

髙橋あつ子（たかはし・あつこ）

早稲田大学大学院教職研究科准教授。
川崎市立小学校教諭として重度重複障害児学級、障害児学級、通常学級を担任。その後、川崎市立総合教育支援センターで、教育相談、特別教育システム構築に携わり、川崎市立小学校教頭を経て現職。
現在、臨床心理士、特別支援教育士SVとして、幼稚園から高等学校まで、巡回相談、教員研修などで関わっている。
著書に『LD・ADHDなどの子どものアセスメントからサポートプランへ』（2006）ほんの森出版、『学校臨床心理学』（2006）北樹出版、『一から始める特別支援教育校内研修ハンドブック』（2007）明治図書、『自閉症のともだちを理解する本』（2010）合同出版など。

組版、イラスト　Shima.
本文デザイン　佐藤健
装幀　守谷義明＋六月舎

新版　子どもの発達障害事典

2014年12月25日　第1刷発行
2019年2月20日　新版第1刷発行

編　者　原　仁
発行者　上野良治
発行所　合同出版株式会社
東京都千代田区神田神保町1-44
郵便番号　101-0051
電話　03（3294）3506
振替　00180-9-65422
ホームページ　http://www.godo-shuppan.co.jp/
印刷・製本　株式会社シナノ

■刊行図書リストを無料進呈いたします。
■落丁・乱丁の際はお取り換えいたします。

ISBN978-4-7726-1382-8　NDC 370　257×182